Manuel Seibel

Erleben Christen die große Drangsal?

Manuel Seibel

Erleben Christen die große Drangsal?

Christliche Schriftenverbreitung
Postfach 10 01 53, 42490 Hückeswagen

Die Bibelstellen sind nach der im gleichen Verlag erschienenen „Elberfelder Übersetzung“ (Edition CSV Hückeswagen) angeführt.

1. Auflage 2018

Umschlaggestaltung: markom werbeagentur e.K.
Satz und Layout: Christliche Schriftenverbreitung
Druck: CPI, Ulm
ISBN: 978-3-89287-404-1

www.csv-verlag.de

Inhalt

2018

Vorwort

Die aktuelle Gesellschaftspolitik in Deutschland und in einigen anderen Ländern Europas beschäftigt viele Gläubige. Sie stellen sich die Frage: In was für einem Ausmaß können Christen künftig noch öffentlich zu biblischen Überzeugungen stehen? Laufen sie Gefahr, vor Gericht angeklagt zu werden? – In etlichen Ländern dieser Erde werden Christen heute schon ihres Glaubens wegen verfolgt. Das könnte auch in Europa auf uns zukommen.

Selbst im ehemals so genannten christlichen Deutschland kann man für einen klaren biblischen Standpunkt angefeindet werden. Wer zum Beispiel zur biblischen Sexualmoral steht, gilt als homophob und intolerant. Wird die Feindschaft gegenüber bekennenden Nachfolgern Jesu zunehmen? Müssen sie sogar mit Verfolgungen rechnen?

Es gibt Gläubige, die inzwischen eine solche Entwicklung erwarten. Diese Perspektive verbinden sie mit der kommenden „Drangsal“[1], von der Gottes Wort immer wieder spricht. Vielen Gläubigen wird

1 In manchen Bibelübersetzungen wird hier auch mit „Trübsal“ übersetzt.

im Blick auf diese spezielle Zeitperiode angst und bange. Kommen wir womöglich in diese Drangsalszeit, von der Gottes Wort so Furchtbares berichtet? Denn in Apostelgeschichte 14,22 ist von Drangsalen die Rede. Dort heißt es, „dass wir durch viele Trübsale {o. Drangsale} in das Reich Gottes eingehen müssen".

In diesem Buch möchte ich versuchen, die Frage zu beantworten, ob von neuem geborene Christen, die heute leben, diese „große Drangsal" erleben werden. Gibt uns Gott Hinweise, die deutlich machen, dass wir vor diesen Trübsalen bewahrt bleiben? Es ist für uns ein Trost, dass Gottes Wort zu dieser Frage Antworten gibt. Diese Antworten können dazu beitragen, ängstliche Seelen zu beruhigen. Sie machen Mut, drohende Ablehnung und Ausgrenzung zu ertragen, der wir Christen heute in Deutschland und auch in anderen Ländern ausgesetzt sind, wenn wir dem Herrn in Treue und Hingabe leben.

Unser Retter, der sein Leben für uns hingegeben hat, ist es wert, dass wir für Ihn leben. Ein gottseliges Leben wird Unverständnis, Spott und Ablehnung zur Folge haben. In manchen Ländern kommt sogar direkte Verfolgung noch hinzu (vgl. 2. Tim 3,12). Aber Gott wird uns dafür belohnen, wenn wir in solchen Umständen ausharren und uns zu Ihm bekennen.
Wir wollen dieses Thema in diesem Buch in folgender Weise überdenken:

1. Zuerst gehen wir der Frage nach, warum dieses Thema überhaupt wichtig ist für uns.

2. Dann sehen wir uns etwas genauer die zwei Ereignisse an, die Gott uns in Verbindung mit dem Wiederkommen des Herrn Jesus nennt:

   a. die Entrückung des Herrn Jesus

   b. die Erscheinung des Herrn Jesus

3. Danach untersuchen wir die Unterschiede zwischen diesen beiden Ereignissen. Was sagt uns Gott in seinem Wort über den Zeitpunkt der Entrückung und der Erscheinung?

4. In weiteren Kapiteln beschäftigen wir uns mit der Frage, welche Beziehung die Christen zu der Drangsalszeit und zum Tag des Herrn nach den Aussagen der Schrift haben. In diesem Zusammenhang sehen wir uns auch die Verheißungen in der Offenbarung an, die Christen gegeben werden.

Warum ist das Thema Entrückung & Drangsalszeit so bedeutsam?

Der Bibelausleger William Kelly hat seiner lesenswerten Auslegung über die prophetische Rede des Herrn in Matthäus 24–25[2] einen Anhang angefügt. Er ist überschrieben mit: „Die künftige Drangsal". Die dort geäußerten Gedanken sind Anregung und Ausgangspunkt für diese Ausarbeitung gewesen.

Warum ist dieses Thema eigentlich so wichtig für uns? Weil unsere Überzeugung zu dieser Frage Auswirkungen darauf hat, ob wir die himmlische Hoffnung, dass unser Herr wiederkommen wird, um uns in den Himmel zu holen, noch festhalten. Ob wir auf das Wiederkommen Jesu warten, oder ob wir auf Drangsale auf der Erde warten müssen. Und unser innerer Frieden hängt von dieser Frage ab.

Manche Christen[3] fürchten, dass sie noch die große Drangsal (Mt 24,21) erleben müssen. Diese Not

2 „Prophecy on Olivet" (1903): Die Prophetie auf dem Ölberg.

3 In diesem Buch benutze ich den Ausdruck „Christen" für Menschen, die sich in der Zeit nach dem Kreuz Christi und dem Kommen des Heiligen Geistes auf die Erde wirklich zu Jesus Christus bekehrt und Ihn als persönlichen Retter angenommen haben. „Namenschristen" dagegen sind Menschen, die sich zwar Christen nennen, jedoch keine innere Umkehr zu Gott erlebt haben.

bestimmt ihr Leben. Wie kann man innerlich ruhig werden (Mt 11,29; Phil 4,6.9), wenn man damit rechnen muss, dass jederzeit diese unaussprechlichen Drangsale über uns hereinbrechen können? Nicht von ungefähr muss der Herr denen, die kurz vor dieser Trübsal stehen, ausdrücklich zurufen: „Erschreckt nicht!" (Mt 24,6). Wenn sie nicht auf diese Zeit vorbereitet würden, würden sie sich erschrecken. Wird diese Drangsalszeit vielleicht schon bald beginnen?

Gottes Wort gibt Antworten

Um diese Frage zu klären, müssen wir wissen, ob die Drangsale, die Christen heute erleben, Teil der „großen Drangsal" sind. Wir müssen in der Schrift nach Hinweisen forschen, auf wen sich die „große Drangsal" bezieht, von der Jesus Christus sagt, dass diese Drangsal schlimmer sein wird als jede vorherige Trübsal (Mt 24,21). Finden sich in Gottes Wort Fingerzeige, dass die erlösten Christen *vor* der Drangsalszeit entrückt werden? Schritt für Schritt wollen wir diese Fragen anhand der Bibel beantworten.

Wir starten dazu mit dem Thema „Entrückung". Ich behandle dieses im Neuen Testament vorgestellte Ereignis vorweg, weil ausdrücklich erwähnt wird, dass die Beschäftigung mit der Entrückung zur Ermutigung der Gläubigen beiträgt: „So ermuntert nun einander mit diesen Worten“ (1. Thes 4,18). Wir warten darauf, dass der Herr Jesus wiederkommt, damit wir allezeit bei Ihm sind. Unsere Blicke richten sich auf Den, Der für uns gestorben ist und jetzt im Himmel für uns lebt. Wir sehen auf den, der aus dem Himmel wiederkommen wird.

Genauso wenig aber dürfen wir vergessen, dass Gottes Wort ausdrücklich bezeugt, dass der Herr Jesus wiederkommt, um sein Königreich auf dieser Erde aufzurichten. Immer wieder ist davon schon im Alten Testament die Rede. Und auch der Apostel Paulus zählt sich zu solchen, die diese Erscheinung des Herrn Jesus lieben (2. Tim 4,8). Wir freuen uns von Herzen darauf, dass der Herr Jesus als König und Herr auf dieser Erde anerkannt werden wird; Er, der vor ungefähr 2.000 Jahren hier auf der Erde der Verworfene war, wird dann das „Haupt über alles“ sein (Eph 1,10.22).

Fallen diese beiden Ereignisse, die Entrückung Jesu und seine machtvolle und herrliche Erscheinung bzw. Offenbarung als Messias und Herr zeitlich zusammen? Finden sie kurz hintereinander statt oder haben sie letztlich nicht viel miteinander zu tun? Das wollen wir zu unserer Belehrung und zu unserem Trost aus Gottes Wort klären.

Vorweg aber sehen wir uns einige Bibelstellen an, in denen der Herr Jesus selbst gesagt hat, dass Er wiederkommen wird. Wie großartig, dass Er damals schon seinen Jüngern und durch Johannes, seinen Apostel, uns allen zugerufen hat: „Ich komme bald!“ Wir dürfen uns auch im 21. Jahrhundert noch daran erfreuen.

Ich komme bald

Aus 1. Thessalonicher 4 wissen wir, dass der Herr Jesus die Gläubigen entrücken wird. Von diesem Ereignis hat der Herr selbst gesprochen, als Er mit seinen Jüngern im Obersaal war (Joh 14,1-3). Und das Buch der Offenbarung bestätigt es: Der Herr Jesus wird wiederkommen. Ganz am Ende (des Wortes Gottes) heißt es: „Der diese Dinge bezeugt, spricht: Ja, ich komme bald“ (Off 22,20). Das hat uns der Herr am Ende des ersten Jahrhunderts durch seinen Apostel Johannes ausrichten lassen. Es ist ein sicheres Versprechen. Nicht nur das: Er hat auch versprochen, „bald“ zu kommen.

Interessanterweise sagt der Herr Jesus im letzten Kapitel der Bibel gleich dreimal, dass Er bald wiederkommen wird; darüber hinaus auch noch in dem Brief an Philadelphia (Off 3,11). Neben dem bereits zitierten 20. Vers in Offenbarung 22 finden wir diese Zusage auch noch in Vers 7 und Vers 12.

Wie wertvoll ist es für die Gläubigen der heutigen Zeit, dass der Herr Jesus sein Wiederkommen so eindeutig ankündigt. Das befestigt uns im Glauben und macht uns sicher, dass Er kommen wird. Seine Worte machen uns Mut, auszuharren und treu zu leben, bis Er kommt. Er wird wiederkommen, und dann werden wir Ihn sehen, wie Er ist (1. Joh 3,2). Dann wird jede Prüfung endgültig vorbei sein. Dann werden wir nur noch erfüllt sein davon, Denjenigen zu sehen, der hier für uns gestorben und jetzt im Himmel für uns tätig ist. Das ist unsere großartige Zukunft, auf die wir warten. Wir warten auf Ihn!

Obwohl sich die Zusagen des Herrn in Offenbarung 22 gleichen, betont der Herr jeweils einen besonderen Schwerpunkt. Für den Leser, der sich für diese Feinheiten interessiert, füge ich einige kurze Hinweise zu diesen Unterschieden an:

Die Zusage an die Gläubigen: Ich komme wieder und richte mein Königreich auf

„Und er sprach zu mir: Diese Worte sind gewiss und wahrhaftig, und der Herr, der Gott der Geister der Propheten, hat seinen Engel gesandt, um seinen Knechten zu zeigen, was bald geschehen muss. Und siehe, ich komme bald. Glückselig, der die Worte der Weissagung dieses Buches bewahrt!" (V. 6.7).

Im Buch der Offenbarung schildert der Geist Gottes ab Kapitel 4 eine große Anzahl an Gerichtsereignissen, die Er über diese Erde und besonders über ungläubige Christen bringen wird. Diese Gerichte finden ihren Höhepunkt, wenn der Herr Jesus selbst aus dem Himmel kommen, die größten Feinde besiegen und seine Königsherrschaft antreten wird (Off 19,11–20,15). Mit anderen Worten: Der Herr spricht in Offenbarung 22,7 davon, dass Er bald kommen wird, um Gericht zu üben und um sein Königreich auf der Erde aufzurichten. Er ermutigt diejenigen, die dann auf der Erde als ein Überrest des Glaubens leben werden. Und dann wird Er zu ihrer Rettung kommen, sichtbar für alle Menschen auf diese Erde.

Die Zusage an die Gläubigen: Ich komme wieder und belohne euch

„Siehe, ich komme bald, und mein Lohn mit mir, um einem jeden zu vergelten, wie sein Werk ist" (V. 12).

An dieser Stelle verbindet der Herr sein Kommen damit, dass Er die Seinen belohnen wird. Wo werden wir von Ihm für unsere Treue und unser Ausharren belohnt werden? Der Apostel Paulus zeigt in 2. Korinther 5,10, dass dies vor dem Richterstuhl des Christus sein wird (vgl. 1. Kor 4,5), wenn wir im Himmel sein werden. Das findet also im Anschluss an die Entrückung statt. Sichtbar wird dieser Lohn, wenn wir mit Christus wieder auf dieser Erde sein werden, um mit Ihm zu regieren (Lk 19,17.19). Diese Regierung findet statt, wenn der Herr Jesus erscheinen wird, also für alle Menschen sichtbar auf die Erde kommen und hier regieren wird. Davon spricht der Apostel Paulus beispielsweise in 2. Thessalonicher 1,10.

So verknüpft der Herr in diesem Vers in Offenbarung 22,12 die Zusage, bald zu kommen, sowohl mit dem Zeitpunkt, dass Er uns in den Himmel holen wird (der Richterstuhl des Christus befindet sich zu diesem Zeitpunkt im Himmel) als auch mit seiner Erscheinung für alle Menschen.

Die Zusage an die Gläubigen: Ich komme wieder und hole euch zu mir

Der bereits zitierte Vers 20 wiederum stellt den Abschluss des Wortes Gottes dar. Der Herr warnt uns in den beiden vorhergehenden Versen davor, das Wort Gottes zu beschneiden oder zu erweitern. Dann würde man die himmlischen Segnungen (den Genuss des Baumes des Lebens und der Gemeinschaft der heiligen Stadt, der Versammlung Gottes[4] im Himmel) verlieren. Unser Retter verbindet seine letzte Zusicherung, bald zu kommen, an dieser Stelle mit seinem Kommen, um uns in den Himmel zu führen.

---

4 Wenn in diesem Buch der Ausdruck „Versammlung“ verwendet wird, geht dieser auf das im Neuen Testament verwendete Wort „ekklesia“ (griechisch) zurück. Es handelt sich bei der Versammlung jeweils um die Gesamtheit aller Christen an einem Ort, weltweit oder in ihrer Vollendung (alle von neuem geborenen Christen zwischen Pfingsten und der Entrückung). Gelegentlich werden auch die Zusammenkünfte der Gläubigen so bezeichnet. Heutzutage werden oft anstelle von Versammlung die Begriffe „Gemeinde“ oder „Kirche“ benutzt. Entscheidend ist, dass man die genannte Definition vor Augen hat. Da „Versammlung“ die wörtliche Wiedergabe des griechischen Wortes „ekklesia“ ist, benutze ich in diesem Buch diesen Ausdruck. Keinesfalls darf dieser Ausdruck als Bezeichnung einer Gruppe von Gläubigen in Unterscheidung oder getrennt von anderen Christen verstanden werden.

Der Herr Jesus hat somit versprochen wiederzukommen. Er hat es mehrfach versprochen. Das zeigt, wie wichtig Ihm ist, dass wir wissen, dass Er wiederkommen wird. Er wird dieses Versprechen auch einlösen. Denn Er ist die Wahrheit und spricht die Wahrheit. Ihm können wir in allem vertrauen.

Es stellt sich aber die Frage: Wann wird Er wiederkommen? Führt Er uns dann in den Himmel, oder wird Er sofort mit uns über diese Erde regieren? Müssen wir zuvor Trübsale erwarten, oder dürfen wir darauf vertrauen, dass Er uns davor bewahren wird?

Zusammenfassung

Die Antwort auf die Frage, ob Christen die Drangsalszeit erleben werden, hat Auswirkungen auf ihr Glaubensleben. Inneren Frieden und Ruhe im täglichen Leben wird derjenige haben, der weiß, dass der Retter ihn vor der Drangsalszeit entrücken wird. Zudem bestimmt die Antwort auf die Frage, ob wir an der christlichen Hoffnung der Entrückung festhalten, den Charakter unseres Lebens. Wenn wir auf die Entrückung warten, werden wir als Himmelsbürger unser Leben auf der Erde führen. Wenn wir dagegen auf die Drangsalszeit warten, blicken wir nach unten.

Die Entrückung (1. Thes 4,13-18)

In einem ersten Schritt wenden wir uns nun dem Thema „Entrückung" zu. Von diesem Ereignis schreibt der Apostel Paulus in 1. Thessalonicher 4. Das aber ist nicht das erste Mal, dass dieses Thema berührt wird. In Johannes 14,1-4 spricht der Herr Jesus, wie wir schon gesehen haben, bereits von seinem Wiederkommen für seine Jünger.

Im Obersaal hat Er kurz vor seinem Tod gesagt: „In dem Haus meines Vaters sind viele Wohnungen; wenn es nicht so wäre, hätte ich es euch gesagt; denn ich gehe hin, euch eine Stätte zu bereiten. Und wenn ich hingehe und euch eine Stätte bereite, so komme ich wieder und werde euch zu mir nehmen, damit, wo ich bin, auch ihr seiet" (Joh 14,2.3).

Hier weist Jesus Christus darauf hin, dass Gott, sein Vater, über Wohnungen verfügt, die bislang noch kein Mensch betreten hat. Sie befinden sich im Haus des Vaters unseres Herrn Jesus. Dort wohnen Gott, der Vater, und Gott, der Sohn. Es ist der ungeschaffene Himmel, der schon existierte, als es weder Engel noch einen Himmel (das Firmament) noch die Erde gab. Christus Jesus hat diese Stätte bereitet. Dieses Bereiten meint, dass Er selbst, der wahrer Mensch ist, diese Wohnungen betreten hat, nachdem Er sein Erlösungswerk am Kreuz von Golgatha vollbracht hatte und in den Himmel aufgefahren ist. Die Jünger sahen Ihn auffahren in den Himmel (Lk 24,51). Zu diesem Zeitpunkt betrat das erste Mal ein Mensch das Haus seines Vaters. Damit ist es auch für Menschen zubereitet, für alle, die an Ihn als ihren persönlichen Retter glauben. Wie hätte ein Mensch Zutritt zu diesen ewigen Wohnungen gehabt, wenn nicht zuvor der vollkommene Mensch verherrlicht dort eingezogen wäre?

Seinen Jüngern, und damit auch uns, hat Er nun versprochen, dass dieses Haus seines Vaters eine Stätte ist, in die Er uns einführen wird. Zu diesem Zweck wird Er uns „zu sich nehmen" (Joh 14,3). Denn Er möchte diejenigen bei sich haben, die heute auf der Erde seine Erlösten sind. Das sind alle, die Ihn als Retter angenommen haben und daher wie Er von den Menschen verworfen werden. Auf diesen Augenblick wartet Er bis heute. Aber Er hat uns versprochen, uns zu Sich zu bringen. Was für eine „glückselige Hoffnung" (Tit 2,13)! Das ist unsere herrliche, sichere Erwartung. Denn „Hoffnung" ist im Neuen Testament nichts Unsicheres. Nur der Zeitpunkt, wann diese Hoffnung eintrifft, ist uns Christen nicht bekannt.

Auferstehung und Entrückung

Dem Geist Gottes war es jedoch wichtig, uns weitere Einzelheiten zu diesem Wiederkommen Jesu zu geben. Er benutzt dazu den Apostel Paulus, der das Wiederkommen Jesu „Entrückung" nennt: „Denn der Herr selbst wird mit gebietendem Zuruf, mit der Stimme eines Erzengels und mit der Posaune Gottes vom Himmel herabkommen, und die Toten in Christus werden zuerst auferstehen; danach werden wir, die Lebenden, die übrig bleiben, zugleich mit ihnen *entrückt* werden in Wolken dem Herrn entgegen in die Luft; und so werden wir allezeit bei dem Herrn sein. So ermuntert nun einander mit diesen Worten" (1. Thes 4,16-18).

Paulus spricht hier von zwei Gruppen von Gläubigen: Die einen sind schon gestorben; die anderen leben noch, wenn der Herr Jesus zur Entrückung kommen wird. Die erste Gruppe sind die „Toten in Christus". Zu ihnen gehören alle Gläubigen von Adam an, die schon gestorben sind. Sie haben neues, ewiges Leben bekommen.[5] Sie haben sich zu

5 Vielleicht fragen sich manche, wie denn Gläubige alttestamentlicher Zeit „in Christus" sein können, obwohl sie den Herrn Jesus nie gekannt haben. Die Antwort lautet: Gott sieht sie „in Christus". Das heißt, Er rechnet ihnen das Erlösungswerk Jesu am Kreuz zu, auch wenn der Herr Jesus noch nicht gestorben war, als diese Gläubigen lebten. Diese Zurechnung erklärt der Apostel Paulus in Römer 3,25.26.

Gott bekehrt und sind nach ihrem Tod ins Paradies[6] eingegangen (vgl. Lk 16,22; 23,43).

Die zweite Gruppe sind die lebenden Gläubigen: Christen, die Jesus Christus als Retter angenommen haben, aber nicht durch den Tod gehen (das heißt nicht sterben) müssen. Sie werden entrückt, wenn der Herr Jesus in den Wolken erscheinen wird. In diesem Augenblick werden zuerst die „Toten in Christus" auferstehen. Die Christen, die dann leben, werden verwandelt werden und zugleich mit den auferstandenen Gläubigen entrückt werden. Ob wir, die wir an den Herrn Jesus glauben und heute leben, dann zur ersten oder zur zweiten Gruppe gehören – wir werden dem Herrn Jesus in den Wolken in der Luft begegnen. Zusammen mit Ihm werden beide Gruppen von Gläubigen in den Himmel auffahren, in das Haus seines Vaters.[7] Dann werden

6 Das Paradies ist der Ort der Freude und des Segens, in dem sich die Seele der gestorbenen Gläubigen nach ihrem Tod bis zum Zeitpunkt der Auferstehung, der Entrückung, befinden. Mit der Auferstehung werden Geist, Seele und Leib wieder vereint werden. Das heißt, dass man nicht nur an das Vaterhaus denken darf, wenn man vom Himmel spricht. Der Himmel umfasst mehrere Bereiche. Es gibt den ungeschaffenen Himmel, das Haus des Vaters. Es gibt den geschaffenen Himmel, in dem der Thron Gottes steht, was man als seinen Regierungssitz bezeichnen kann. Dort befinden sich auch die Engel Gottes. Und es gibt das Paradies, wo momentan die entschlafenen Gläubigen sind.

7 Eine ausführliche und empfehlenswerte Erklärung und Ausarbeitung zu der Entrückung findet sich in dem Buch *Die Entrückung der Gläubigen* von Christian Briem. Das Buch ist erschienen beim Herausgeber dieses Buches, Christliche Schriftenverbreitung Hückeswagen, www.csv-verlag.de.

wir allezeit bei unserem Retter und Meister und mit Ihm zusammen sein. Das ist ewige Glückseligkeit!

Es ist sehr interessant, dass der Apostel den Gläubigen (in Thessalonich) keine lange Wartezeit bis zur Entrückung ankündigt. Er schreibt: „Wir, die Lebenden", so als ob das Wiederkommen Jesu unmittelbar bevorsteht. Hat sich Paulus vertan? Nein! Er schrieb ja inspiriert vom Heiligen Geist. Dann hätte Gott sich vertan, was unmöglich ist. Der Apostel sollte so schreiben, weil der Herr Jesus möchte, dass wir sein Wiederkommen, die Entrückung, jeden Tag erwarten und für möglich halten. Kein Gläubiger sollte sich darauf einstellen, dass er eine lange Zeit auf der Erde lebt. Auch wenn schon viele Generationen von Christen gestorben sind, sollten wir nicht denken: Dann werden wohl auch wir sterben, sondern: „Wir, die Lebenden", wir erwarten unseren Herrn: heute! Glückselige Hoffnung!

Verwandlung

In 1. Korinther 15, im so genannten Auferstehungskapitel, behandelt der Apostel Paulus in den Versen 51-58 das Thema „Verwandlung". Die Gläubigen, die auf der Erde leben, wenn Christus wiederkommen wird, haben einen Leib, der zur ersten Schöpfung gehört und aufgrund des Sündenfalls vergänglich und verweslich ist. Das spüren wir täglich. Dieser Leib wird bei der Entrückung ersetzt durch den Auferstehungsleib, der passend ist sowohl für die heutigen Himmel und die Erde, zum Beispiel in der Zeit des Friedensreichs, als auch für den neuen Himmel und die neue Erde, die Gott in Zukunft schaffen wird (Off 21,1). Der Auferstehungsleib gehört der neuen Schöpfung an, und damit wir Teil dieser neuen Schöpfung werden, müssen wir verwandelt werden, da „das Verwesliche Unverweslichkeit anziehen muss" (1. Kor 15,53). Es ist ein Herrlichkeitsleib, der unverweslich und dem Herrlichkeitsleib unseres Herrn Jesus gleich ist. Damit diese Verwandlung stattfinden kann, muss der Herr Jesus wiederkommen, „der unseren Leib der Niedrigkeit umgestalten wird zur Gleichförmigkeit mit seinem Leib der Herrlichkeit, nach der wirksamen Kraft, mit der er vermag, auch alle Dinge sich zu unterwerfen" (Phil 3,21). Das wird eine wunderbare Veränderung sein, die man sich heute noch nicht vorstellen kann. Sie gründet sich auf das Erlösungswerk und die Auferstehung Christi.

Wenn wir diesen Auferstehungsleib, der nicht mehr verfallen und nicht mehr sterben kann, „angezogen" haben, werden wir ewig bei Christus und mit Christus sein. Auf diesen Augenblick warten wir voller Sehnsucht und Freude. Der Herr Jesus kommt wieder. Er kommt „bald" (Off 22,20). Dann werden wir Ihn sehen, wie Er ist (1. Joh 3,2), das erste Mal mit unseren leiblichen Augen. Gott möchte, dass diese herrliche Tatsache, dass der Herr Jesus „bald“ kommt, auch in unserem Leben sichtbar wird: Wenn wir wirklich von Herzen auf den Herrn warten, dann führt das dazu, dass wir ein Leben für Ihn und zu seiner Ehre führen (wollen). Uns wird bewusst sein, dass wir zum Himmel gehören und nur vorübergehend auf der Erde leben. Wir werden alles zurücklassen, was keinen Platz im Himmel haben kann. Es lohnt sich nicht, für Irdisches zu kämpfen. Und selbst in unseren irdischen Umständen am Arbeitsplatz, zu Hause, in der Nachbarschaft, in der Familie sollen wir heute „himmlisches Licht“ verbreiten (Mt 5,14). Das ist Motivation und Ermahnung zugleich. Beides haben wir nötig.

Hinweise auf die Entrückung im Neuen Testament

Es scheint mir nützlich zu sein, dass wir uns einmal die Bibelstellen ansehen, in denen der Geist Gottes im Neuen Testament die Entrückung andeutet. Bis auf den Text in 1. Thessalonicher 4 steht allerdings an keiner Stelle das Wort „Entrückung“ oder „entrücken“. Daher erläutere ich bei den einzelnen Stellen kurz, warum sie sich auf dieses Ereignis beziehen.

1. *Johannes 14,3: „Und wenn ich hingehe und euch eine Stätte bereite, so komme ich wieder und werde euch zu mir nehmen, damit, wo ich bin [im Haus meines Vaters mit den vielen Wohnungen, wo Er den Jüngern eine Stätte bereiten würde, V. 2], auch ihr seiet."*

   Wenn der Herr Jesus zur Entrückung kommen wird, wird Er uns in das Haus seines Vaters bringen. Er spricht hier nicht davon, dass Er Tote auferwecken wird. Wir wissen aus anderen Bibelstellen, dass auch das geschehen wird. Hier spricht Er zu seinen elf Jüngern davon, dass Er kommt, um sie zu sich zu holen.[8] Von ihrem Tod ist keine Rede. Und wie können Lebende von der Erde in den Bereich kommen, wo der Herr Jesus heute zu Hause ist? Durch die Entrückung.

2. *Römer 8,23: „Auch wir selbst seufzen in uns selbst, erwartend die Sohnschaft: die Erlösung unseres Leibes."*

---

8 Meint Christus mit diesen Worten, dass Er nach seinem Tod und seiner Auferstehung zu den Jüngern wieder zurückkommen würde, um sie bei seiner Himmelfahrt mitzunehmen? Das kann Er nicht gemeint haben, denn Er ist nach Apostelgeschichte 1,9 und 2,33 ff. allein in den Himmel aufgefahren. Hat Er sich geirrt, wenn Er sagt, dass Er zu den Jüngern zurückkommt, während sie leben? Nein! Wir haben schon gesehen: Der Herr will dadurch, dass Er zu seinen Jüngern von seinem Kommen spricht, als ob es kurz bevorsteht und sie noch leben würden, bei ihnen bewirken, dass sie sein Kommen „bald" erwarten.

Wann wird unser Körper, der heute oft durch Krankheit und sehr früh durch Verfall geprägt ist, „erlöst“ werden? Sicher nicht mit dem Tod. Denn in dem Moment, wenn Gläubige heimgehen, werden Körper und Seele voneinander getrennt (vgl. 2. Kor 5,8: „ausheimisch von dem Leib“). Das ist ein unvollkommener Zustand (vgl. Heb 11,40), der erst mit der Wiedervereinigung von Leib, Seele und Geist beendet wird. Diese Erlösung bezieht sich auf den Augenblick, wenn die Christen den Auferstehungsleib bekommen. Das geschieht nach 1. Korinther 15,52 bei der Auferweckung, also der Auferstehung, die nach 1. Thessalonicher 4,16 mit der Entrückung stattfinden wird. Dann wird für die Erlösten das Elend der ersten Schöpfung, Krankheit und Verfall des Körpers ein für alle Mal beendet sein.

3. *1. Korinther 15,22.23: „In Christus werden alle lebendig gemacht werden …: der Erstling, Christus; dann die, die des Christus sind bei seiner Ankunft.“*

In Verbindung mit 1. Thessalonicher 4,16 haben wir bereits gesehen, dass sich der Ausdruck „die Toten in Christus“ auf alle Gläubigen von Adam an bezieht. So gilt auch der Hinweis auf die, „die des Christus“

sind, für alle Erlösten von Adam an (vgl. den Hinweis auf Adam in Vers 22).

Paulus spricht in Vers 21 von der Auferstehung der Toten. Der Herr Jesus hat auch bei diesem Ereignis den ersten Platz – sowohl zeitlich[9] als auch rangmäßig. Aber wenn Er kommen wird, werden die entschlafenen Heiligen bei der Entrückung auferweckt werden (siehe V. 52; 1. Thes 4,16). Sie haben somit Anteil an seiner Auferstehung.

4. *1. Thessalonicher 1,9.10:* „… wie ihr euch … zu Gott bekehrt habt ..., um … seinen Sohn aus den Himmeln zu erwarten."

In Thessalonich hatte Paulus anhand der Schriften des Alten Testaments gezeigt, dass Jesus der Christus ist (Apg 17,1-4). Daraufhin hatten sich einige bekehrt. Ihr Leben bekam eine völlig neue Ausrichtung. Waren sie vorher Götzendiener, so dienten sie jetzt dem lebendigen Gott. Hatten sie vorher vage Zukunftsvorstellungen, so erwarteten sie jetzt

9 Man mag einwenden, dass aber schon im Alten Testament Tote auferweckt worden sind. Der Herr Jesus selbst hat drei Personen, die gestorben waren, aus den Toten auferweckt. Aber im Unterschied zu Ihm sind diese Personen nach der Auferweckung wieder gestorben. Sie wurden also durch die Auferweckung nicht Teil der neuen Schöpfung, sondern wurden wieder in die erste Schöpfung hineingestellt.

den Sohn Gottes aus den Himmeln. Ohne jegliche Bedingungen warteten sie auf sein Kommen, wobei sein Wiederkommen für sie nicht mit Zorn oder Rache in Verbindung steht – im Gegenteil, es heißt dort: „Jesus, der uns errettet von dem kommenden Zorn."

5. *1. Thessalonicher 4,15-18:* „Denn dieses sagen wir euch im Wort des Herrn, dass wir, die Lebenden, die übrig bleiben bis zur Ankunft des Herrn, den Entschlafenen keineswegs zuvorkommen werden. Denn der Herr selbst wird mit gebietendem Zuruf, mit der Stimme eines Erzengels und mit der Posaune Gottes vom Himmel herabkommen, und die Toten in Christus werden zuerst auferstehen; danach werden wir, die Lebenden, die übrig bleiben, zugleich mit ihnen entrückt werden in Wolken dem Herrn entgegen in die Luft; und so werden wir allezeit bei dem Herrn sein. So ermuntert nun einander mit diesen Worten."

   In diesem Abschnitt spricht Paulus von der Ankunft (Gegenwart) des Herrn, dem wir in Wolken in der Luft begegnen werden, wenn Er uns entrücken wird. Hier wird in Vers 17 ausdrücklich der Begriff verwendet, den wir im Allgemeinen für diesen Vorgang benutzen: entrücken. Allezeit werden wir dann beim Herrn Jesus sein.

6. *2. Thessalonicher 2,1:* „Wir bitten euch aber, Brüder, wegen der Ankunft unseres Herrn Jesus Christus und unseres Versammeltwerdens zu ihm hin …" Wenn Christus aus dem Himmel zu uns zurückkommen wird, ist Er für uns gegenwärtig. Das ist die Bedeutung des Ausdrucks „Ankunft". Zugleich werden *wir* – das sind alle Erlösten – zu Ihm versammelt werden. Der Wortlaut entspricht ganz den Worten des Herrn Jesus in Johannes 14. Denn Er will nicht für immer von den Seinen getrennt sein. Er wartet darauf, sie alle um sich zu versammeln. Was für ein Trost war dieser Gedanke für die Thessalonicher, die in ihrer bisherigen Auffassung erschüttert und in ihren Herzen erschreckt worden waren, weil einige behaupteten, der Tag des Herrn sei bereits gekommen (V. 3). Nein, das konnte nicht sein, denn bestimmte Ereignisse müssen dem vorausgehen (V. 4-8). Zu diesen Ereignissen gehört auch „unser Versammeltwerden zu ihm hin". Warum kann man das sagen? Weil der Apostel ihnen diesen Punkt im ersten Brief (Kap. 4,15-18) ausführlich erklärt hat. Er hatte sie nicht vor einer großen Drangsal gewarnt als solche, die Verfolgungen kannten. Nein, er hatte sie ermuntert, auf das Kommen des Herrn zu warten: „Wir, die Lebenden, werden ... entrückt werden".

Das war die sichere Erwartung, die er ihnen vermittelte.

7. *Titus 2,13: „Wir erwarten die glückselige Hoffnung und Erscheinung der Herrlichkeit unseres großen Gottes und Heilandes Jesus Christus."*

Bei der „glückseligen Hoffnung" dürfen wir an die Entrückung denken: Die christliche Hoffnung hat die *himmlischen* Dinge zum Inhalt. In diesem Sinn schreibt der Apostel Paulus an die Römer: „Denn in Hoffnung sind wir errettet worden. Eine Hoffnung aber, die gesehen wird, ist keine Hoffnung; denn was einer sieht, was hofft er es auch? Wenn wir aber das hoffen, was wir nicht sehen, so warten wir mit Ausharren" (Kap. 8,24.25; vgl. Kap. 5,2). Wenn diese Hoffnung eintrifft, dann werden die Gläubigen für immer bei dem Herrn sein.

Die „Erscheinung der Herrlichkeit" dagegen ist die Offenbarung des Herrn in Macht und Herrlichkeit hier *auf der Erde*. Sie wird im Neuen Testament nicht als „Hoffnung" bezeichnet. Warum nicht? Weil das, was Christen „hoffen", mit der Entrückung verbunden ist. Das heißt allerdings nicht, dass Christen nicht die machtvolle Erscheinung ihres Herrn erwarten würden. Sie tun es.

8. *Jakobus 5,7.8: „Habt nun Geduld, Brüder, bis zur Ankunft des Herrn. … Habt auch ihr Geduld, befestigt eure Herzen, denn die Ankunft des Herrn ist nahe gekommen.“*

   Wie in 1. Thessalonicher 1,10 haben wir auch hier einen sehr allgemeinen Ausdruck vor uns, der sich sowohl auf die Entrückung als auch auf die Erscheinung des Herrn bezieht. Wir brauchen Geduld und Ausharren, bis Er kommt und wir durch die Entrückung am Ziel angekommen sein werden. Zugleich wird die Ankunft des Herrn hier mit einer Ermahnung verbunden. Die Entrückung ist ein Ereignis der Gnade und Barmherzigkeit Gottes. Die Erscheinung aber wird mit unserem Lohn für Treue verbunden (1. Thes 2,19; 3,13). Daher lassen uns die von Jakobus ausgesprochenen Ermahnungen an den Richterstuhl des Christus (2. Kor 5,10) denken, wo unsere Treue und Untreue vor Christus offenbar werden wird, und an die Erscheinung Christi.

9. *1. Johannes 3,2: „Geliebte, jetzt sind wir Kinder Gottes, und es ist noch nicht offenbar geworden, was wir sein werden; wir wissen, dass wir, wenn es offenbar wird, ihm gleich sein werden, denn wir werden ihn sehen, wie er ist.“*

Was für ein Moment, wenn wir Ihn, unseren Retter, sehen werden – für immer! Das geschieht bei der Entrückung, wie aus 1. Thessalonicher 4,17 deutlich wird: Der Herr kommt uns in den Wolken entgegen, wo wir dann Ihm entgegenentrückt werden. Dort werden wir Ihn das erste Mal „Auge in Auge" sehen! Großartiger Augenblick – danach sehnen wir uns!

Andererseits wird in diesem Vers auch gesagt, dass wir einmal von der Welt als Kinder Gottes erkannt werden. Es wird sichtbar werden für alle, dass wir Kinder Gottes sind und nicht Menschen, die einer sonderbaren Idee nachlaufen. Heute ist das für viele Menschen keine Tatsache. Man meint, man es hätte es mit religiös verführten Menschen zu tun. Aber wenn Christus hier auf der Erde erscheinen wird, dann werden auch wir in unserer Beziehung zu Gott für die Menschen offenbar werden, und wir werden Ihm, dem Herrn Jesus, gleich sein.

10. *Judas 21: „Erhaltet euch selbst in der Liebe Gottes, indem ihr die Barmherzigkeit unseres Herrn Jesus Christus erwartet zum ewigen Leben."*

Wenn der Herr Jesus zur Entrückung wiederkommen wird, wird dies ein Akt göttlicher Barmherzigkeit sein. Er wird uns aus dem

Elend der Lebensumstände und auch des traurigen geistlichen Niedergangs herausretten. [10]

Wir sehen, dass die Entrückung kein Nebengedanke Gottes ist. Nein, der Herr Jesus selbst spricht von ihr genauso wie sämtliche inspirierten Briefschreiber, außer Petrus. Und selbst bei ihm finden wir eine Andeutung der Entrückung, wenn er schreibt, dass der Morgenstern aufgeht (2. Pet 1,19). Hinzu kommen noch viele Stellen, in denen die Schreiber des Neuen Testaments von der christlichen „Hoffnung" sprechen, die unsere himmlische Zukunft beinhaltet, die wir mit der Entrückung werden genießen können.

Die christliche Hoffnung ist auf diese Entrückung gerichtet. Als der Bibelausleger John Nelson Darby sich mit diesem Thema beschäftigte, war er einmal überwältigt davon, dass jeder Schreiber des Neuen Testaments von dem Wiederkommen des Herrn spricht. Gerade durch die intensive Beschäftigung mit diesem Thema hat er erkannt, dass es ein Kommen *für* die Gläubigen (des Alten Testaments und der christlichen Zeit) und dass es ein Kommen *mit*

---

10 Viele Leser werden sicher noch andere Stellen als Hinweise auf das Kommen des Herrn zur Entrückung deuten, zum Beispiel in 1. Korinther 11,26; 2. Korinther 5,2; Galater 5,5; Philipper 3,20.21; 4,5; Hebräer 9,28. Es dürfte nicht ganz einfach sein, eine wirklich vollständige Liste aller Bibelstellen zusammenzustellen, die von der Entrückung handeln.

diesen Gläubigen zur Erlösung der bedrängten Juden und zur Aufrichtung des Friedensreichs gibt. Woher kommt diese Unterscheidung? Dazu wollen wir uns im Folgenden etliche erklärende Details ansehen.

Zusammenfassung

Wir finden im Neuen Testament an mehreren Stellen Hinweise auf die Entrückung. Schon der Herr Jesus hat von diesem Ereignis gesprochen. Er hat zugesagt, uns zu sich in den Himmel zu holen, wo Er heute ist. Wir warten darauf, dass Er unseren Körper, welcher der Vergänglichkeit unterworfen ist, verwandelt und dem Herrlichkeitsleib Jesu gleichgestaltet wird. Zugleich, ja noch einen Augenblick vorher, werden die Gläubigen, die bis zur Entrückung heimgegangen sind, auferstehen und einen neuen Herrlichkeitskörper erhalten. Der Herr Jesus hat für uns kein Ereignis genannt, das noch vor der Entrückung geschehen muss. Im Blick auf die Entrückung spricht Gottes Wort auch nicht davon, dass die ungläubige Welt den Herrn sehen wird. Nur die Gläubigen, die Er entrücken wird, werden Ihn sehen. Wir werden Ihn sehen, wie Er ist.

Die Erscheinung des Herrn (2. Thes 2,8; 1. Tim 6,13-16)

Wir haben uns in einem ersten Schritt die wertvollen Bibelstellen angesehen, die von der Entrückung sprechen. Nun betrachten wir ein Ereignis, das im Neuen Testament „die Erscheinung des Herrn“, „Offenbarung Jesu Christi“, „Tag des Herrn“ oder „Macht und Ankunft unseres Herrn Jesus Christus“ genannt wird.

Gott sendet den Herrn Jesus auf die Erde

Der Apostel Paulus ermahnt Timotheus: „Ich gebiete dir vor Gott, der alles am Leben erhält, und vor Christus Jesus, der vor Pontius Pilatus das gute Bekenntnis bezeugt hat, dass du das Gebot unbefleckt, unsträflich bewahrst bis zur *Erscheinung unseres Herrn Jesus Christus,* die zu seiner Zeit zeigen wird der selige und alleinige Machthaber, der König der Könige und Herr der Herren, der allein Unsterblichkeit hat, der ein unzugängliches Licht bewohnt, den keiner der Menschen gesehen hat noch sehen kann, dem Ehre sei und ewige Macht! Amen“ (1. Tim 6,13-16).

Timotheus wird von seinem väterlichen Freund aufgefordert, das Wort Gottes in Treue zu bewahren und zu tun. Dieses Wort besitzt Autorität und wird daher Gebot genannt. Für ein treues Bewahren benötigt man Ausharren und Ausdauer bis zur „Erscheinung unseres Herrn Jesus Christus". Erscheinung ist ein Wort (epiphaneia), das man mit Offenbarwerden, Erscheinen, Manifestation, Hervortreten übersetzen kann. Es geht also darum, dass der Herr Jesus sichtbar wird auf der Erde. Gott selbst, der ewige, unsterbliche Gott, wird den Herrn Jesus auf dieser Erde zeigen und präsentieren als denjenigen, der Haupt über alles ist. Dieser Zeitpunkt ist für uns, die wir wie Timotheus Diener des Herrn sind, das letztendliche Ziel unseres Dienstes. Darauf warten wir. Auf dieses sichtbare Wiederkommen haben schon die Engel bei der Himmelfahrt Jesu verwiesen: „Männer von Galiläa, was steht ihr da und seht hinauf zum Himmel? Dieser Jesus, der von euch weg in den Himmel aufgenommen worden ist, wird ebenso kommen, wie ihr ihn habt auffahren sehen in den Himmel" (Apg 1,11).

Dieser Gedanke wird bestätigt in 2. Timotheus 4,8. Paulus spricht dort von der Belohnung für seinen Dienst: „Fortan liegt mir bereit die Krone der Gerechtigkeit, die der Herr, der gerechte Richter mir zur Vergeltung geben wird an jenem Tag; nicht allein aber mir, sondern auch allen, die seine Erscheinung lieben." Der Herr Jesus wird einmal auf diese

Erde zurückkommen und für die Menschen sichtbar werden. Diese seine Erscheinung lieben wir, weil wir den Herrn Jesus lieben und uns darüber freuen, dass Er einmal in Macht über diese Erde regieren wird. Dann – leider erst dann – wird Er als Herr und König auf dieser Erde anerkannt werden.

Christus wird die Ungläubigen richten

In den bislang zitierten Versen bezieht sich die Erscheinung des Herrn auf uns, die wir in der heutigen Zeit an den Herrn Jesus glauben. Es gibt andere Verse, die zeigen, was die Erscheinung des Herrn Jesus für diese Welt bedeuten wird. „Und dann wird der Gesetzlose offenbart werden, den der Herr Jesus verzehren wird durch den Hauch seines Mundes und vernichten wird durch die Erscheinung seiner Ankunft“ (2. Thes 2,8).

Ohne an dieser Stelle auf Einzelheiten dieses Verses einzugehen, sehen wir, dass der Herr Jesus wiederkommen wird. Es wird ein Kommen sein, das für den Gesetzlosen mit Gericht verbunden ist. Dieser Gesetzlose ist eine Persönlichkeit, die hier auf der Erde in der Zukunft große Macht haben wird. Diese künftige, erneute Gegenwart des Herrn auf der Erde wird von den Menschen, die auf der Erde leben, gesehen werden (Ankunft, gr. parousía, bedeutet Gegenwart). Er wird nicht unsichtbar hier sein, sondern sichtbar erscheinen. Und dann wird Er nicht in Demut kommen, wie das vor ungefähr 2.000 Jahren der Fall war. Er wird als Richter und Herrscher regieren.

Einen ähnlichen Gedanken finden wir in 2. Timotheus 4,1: „Ich bezeuge ernstlich vor Gott und Christus Jesus, der Lebende und Tote richten wird, und bei seiner Erscheinung und seinem Reich". Dort wird die künftige Erscheinung des Herrn mit dem Königreich Gottes auf der Erde verbunden. Das ist das Reich, das schon im Alten Testament vorhergesagt worden war (Dan 2,44; 7,13-27; 1. Mo 49,10). Der Herr Jesus sagte, wie Johannes der Täufer, von diesem Reich, dass es nahe gekommen sei (Mt 3,2.17). Denn als der Herr Jesus als demütiger Mensch auf diese Erde kam, wollte Er dieses angekündigte Reich aufrichten. Aber weil Er verworfen wurde, konnte dieses Reich nicht öffentlich beginnen. Stattdessen führte es der Herr damals in einer verborgenen Weise ein (Mt 13,11). Gott wird aber dafür sorgen, dass dieses Reich zukünftig in öffentlicher Weise beginnen wird. Das haben wir in 1. Timotheus 6 gesehen.

Von diesem Augenblick öffentlicher Erscheinung spricht der Herr Jesus auch in Offenbarung 1,7: „Siehe, er kommt mit den Wolken, und jedes Auge wird ihn sehen, auch die, die ihn durchstochen haben.“ Der Herr kommt nicht unsichtbar für die Menschen, sondern wird von allen gesehen werden. Das gilt auch für sein Volk der Juden, die Ihn vor ungefähr 2.000 Jahren an das Kreuz gebracht haben. Gerade die Juden werden Ihn wiederkommen sehen. Davon sprachen die Engel bei der Himmelfahrt des Herrn (Apg 1,11).

Die Erscheinung in Macht und mit Gericht

Wenn Christus wiederkommen wird, bedeutet das Gericht. Wir haben bereits gesehen, dass sein Kommen einen richterlichen Charakter trägt. Das wird auch deutlich, wenn man einige weitere Verse in 2. Thessalonicher 1 liest: „Wenn es denn bei Gott gerecht ist, denen, die euch bedrängen, mit Drangsal zu vergelten, und euch, die ihr bedrängt werdet, Ruhe mit uns bei der Offenbarung des Herrn Jesus vom Himmel her, mit den Engeln seiner Macht, in flammendem Feuer, wenn er Vergeltung gibt denen, die Gott nicht kennen“ (2. Thes 1, 6-8).

An dieser Stelle benutzt der Apostel Paulus ein anderes Wort für die *Erscheinung* des Herrn: *Offenbarung* des Herrn Jesus. Dieser Ausdruck ist dem der Erscheinung sehr nahe. Paulus spricht hier davon, dass der Herr Jesus zusammen mit Engeln aus dem Himmel kommen wird. Sein Kommen trägt den

Charakter von Macht und von Feuer. „Macht" bedeutet in diesem Zusammenhang, dass der Herr bei seinem zweiten Kommen nicht als unauffälliger Mensch leben wird, auf den man hinweisen muss, wie es vor rund 2.000 Jahren der Fall war (vgl. Joh 1,26). Er wird machtvoll und voller Autorität auftreten. „Feuer" ist ein deutlicher Hinweis auf das Gericht über die ungläubigen Menschen, das mit seinem Kommen verbunden sein wird. Diese Menschen haben es abgelehnt, Jesus Christus als Retter anzunehmen. Sie werden das Gericht Christi erleben.

Zusammenfassung

Wir freuen uns darauf, dass der Herr Jesus auf dieser Erde den ersten Platz, den Ehrenplatz erhalten wird. Er wurde damals verfolgt, bespuckt, verworfen, drangsaliert und gekreuzigt, getötet. Bei seinem künftigen Wiederkommen werden sich Ihm die Menschen unterwerfen. Sie werden anerkennen, dass Er der rechtmäßige Machthaber ist.

Er wird dann der unumschränkte Herrscher sein. Er wird der König der Könige und der Herr der Herren sein (Off 19,16). Gott wird seinem Sohn diesen Herrscherplatz schenken. Und wir lieben seine Erscheinung, weil wir Ihm diese Ehrerweisung von Herzen wünschen.

Ausdrücke in Verbindung mit dem Kommen des Herrn

Bevor wir die Unterschiede zwischen Entrückung und Erscheinung untersuchen, sehen wir uns einige Begriffe an, die in Gottes Wort zum Kommen des Herrn Jesus verwendet werden. Es erscheint mir daher sinnvoll, diese kurze Begriffserklärung anzufügen, damit der Leser weiß, was der Autor jeweils unter diesen Ausdrücken versteht.

1. *Entrückung* (1. Thes 4,17): Die Entrückung der Erlösten bezieht sich auf das Wiederkommen des Herrn für die Gläubigen, um sie in den Himmel zu sich zu holen.

2. *Ankunft* (1. Kor 15,23; 1. Thes 2,19; 3,13; 2. Thes 2,1 usw.): Das Wort „Ankunft" bedeutet eigentlich Gegenwart; es ist der Zustand, der auf das Kommen einer Person folgt. Wenn im Neuen Testament von „Ankunft" ohne Spezifizierung gesprochen wird, die auf die Offenbarung des Herrn, sein Sichtbarwerden und Regieren hindeutet, dann steht dieser Ausdruck mit der Entrückung in Verbindung, also seiner Gegenwart für die Erlösten. In den anderen Fällen geht es um die Erscheinung

des Herrn, wenn Er sein Friedensreich aufrichten wird.

3. *(Wieder)-Kommen* (Heb 10,37; Joh 14,3 usw.): Der Herr Jesus wird zurückkommen aus dem Himmel. Er hat auf der Erde gelebt, ist jetzt verherrlicht im Himmel, aber Er kommt wieder. Manchmal bezieht sich das auf die Entrückung (Joh 14,3), manchmal auf seine Erscheinung, die Aufrichtung seines Friedensreiches (Heb 10,37).

4. *Erscheinung* (2. Thes 2,8; 1. Tim 6,14; 2. Tim 4,1.8; Tit 2,13 usw.): Der Herr Jesus wird in dieser Welt erscheinen, das heißt, Er wird sichtbar kommen, um sein Friedensreich aufzurichten.

5. *Offenbarung* (2. Thes 1,7; 1. Pet 1,7.13): Wie wir bereits gesehen haben, ist mit dem Begriff „Erscheinung" auch der Ausdruck „Offenbarung" Jesu Christi verbunden. Er wird erscheinen und damit sichtbar werden, wenn Er wiederkommt, um zu regieren. Dann wird offenbar werden, dass Er der Herr der Herren ist und nicht mehr der demütige Mensch, den man verachten, verspotten und ans Kreuz nageln kann.

6. *Glückselige Hoffnung* (Tit 2,13; Röm 8,24): Die Hoffnung des Christen ist das Wiederkommen des Herrn Jesus zur Entrückung. Wenn im Neuen Testament diese Hoffnung vorgestellt wird, meint der Geist Gottes keine unsichere Sache, sondern eine sichere himmlische Erwartung, die aber noch nicht eingetreten ist.

7. *Versammeltwerden zu Ihm hin* (2. Thes 2,1): Der Herr Jesus wird, wenn Er zu unserer Entrückung kommen wird, uns zu sich selbst versammeln. Alle, die an Ihn glauben bzw. geglaubt haben, alle, die sich – von Adam an bis zu dem Augenblick der Entrückung – bekehrt haben, werden in diesem Augenblick zu Ihm versammelt werden zur Entrückung.

8. *Tag des Herrn* (1. Thes 5,2; 2. Thes 2,2): Gott spricht schon im Alten Testament sehr oft vom Tag des Herrn. Es ist ein „Tag des Grimmes, ein Tag der Drangsal und der Bedrängnis, ein Tag des Verwüstens und der Verwüstung, ein Tag der Finsternis und der Dunkelheit, ein Tag des Gewölks und des Wolkendunkels, ein Tag der Posaune und des Kriegsgeschreis" (Zeph 1,14-18). Auch viele andere Bibelstellen beschreiben ihn als eine Periode des Gerichts (Jes 2,12-21; 13,6-13; Joel 2,1.2; Mal 3,23; usw.). Die richterliche Erscheinung des Herrn ist der Ausgangspunkt dieses Tages, der dann die

gesamte Zeit des 1.000-jährigen Friedensreichs umschließt, die zum Segen für das Volk Israel und die Erde insgesamt sein wird (vgl. Jes 4,2; 11,10; 12,1.4; 19,21; Joel 4,18; Hos 2,18.23 usw.).

Diese Auflistung zeigt, dass die Verwendung eines Begriffs allein nicht immer zeigt, worauf sich der Geist Gottes bezieht: ob auf die Erscheinung Christi zur Aufrichtung des Königreichs in Macht und Herrlichkeit oder auf die Entrückung. Der biblische Kontext macht das deutlich.

In diesem Sinn benutze auch ich diese Ausdrücke manchmal bewusst allgemein, um beide Seiten des Kommens Jesu einzuschließen, die wir gesehen haben: die Entrückung und die Erscheinung. Ansonsten sollte der Zusammenhang deutlich machen, um welches Kommen es geht.

Was unterscheidet die Entrückung von der Erscheinung?

Es fällt auf, dass der Geist Gottes das Ereignis der Entrückung und das Geschehen der Erscheinung des Herrn sehr unterschiedlich charakterisiert. Einige wichtige Unterschiede führe ich im Folgenden an:

Charakterisierung von Entrückung im Unterschied zur Erscheinung

1. Die Entrückung wird „Geheimnis" genannt (1. Kor 15,51). Das ist etwas, das im Alten Testament verborgen und durch Gottes Geist den Aposteln und Propheten des Neuen Testaments offenbart worden ist (Röm 16,25.26). In diesem Fall wurde dieses Geheimnis dem Apostel Paulus durch eine Offenbarung und ein „Wort des Herrn" weitergegeben (1. Thes 4,15). Im Blick auf die Erscheinung und den Tag des Herrn wird nicht von Geheimnis oder Wort des Herrn gesprochen. Dieses Thema behandeln schon die alttestamentlichen Schreiber an vielen Stellen.

2. Bei der Entrückung wird der Herr Jesus diese Erde nicht betreten, sondern uns in Wolken entgegenkommen (1. Thes 4,17). Bei seiner Erscheinung dagegen werden seine Füße auf dem Ölberg stehen (Sach 14,4). Das heißt, dass Christus bei der Entrückung in die Luft kommt, bei seiner Erscheinung dagegen auf die Erde.

3. Die Entrückung der Gläubigen, jedenfalls das Kommen des Herrn zur Entrückung, wird von dieser Welt nicht gesehen. Der Herr kommt uns nach 1. Thessalonicher 4 „nur" in Wolken in der Luft entgegen. Bei seiner Erscheinung auf der Erde dagegen „wird jedes Auge ihn sehen" (Off 1,7).

4. Nach der Entrückung findet für die Erlösten das Offenbarwerden vor dem Richterstuhl des Christus im Himmel statt, wo auch die heute verborgenen Motive und Überlegungen von dem Herrn Jesus sichtbar gemacht werden (1. Kor 4,5; 2. Kor 5,10). Nach der Erscheinung findet eine *öffentliche Gerichtssitzung* der Nationen auf der Erde statt (Mt 25,31-46). Zudem wird ein Kriegsgericht an den ungläubigen Juden und vielen Nationen vollzogen, die gegen Christus gekämpft haben (Off 19,11-21).

5. Bei der Entrückung wird die Versammlung von der Erde in den Himmel geholt (2. Thes 2,1). Bei der Erscheinung mit Christus dagegen wird sie mit Ihm auf die Erde zurückkommen (Kol 3,4; 2. Thes 1,10; Off 19,11-16).

6. Die Entrückung ist das Kommen des Herrn *für* uns (Joh 14,3). Die Erscheinung ist das Kommen Christi *mit* uns (Kol 3,4).

7. Die Entrückung ist ein Akt der Barmherzigkeit (Jud 21). Die Erscheinung des Herrn dagegen ist ein Tag des Grimms und der Gerechtigkeit (Zeph 1,14-18).

8. Das Böse bzw. das Gericht über das Böse steht in Verbindung mit der Entrückung nicht im Blickfeld. Dieses Gericht ist dagegen ein herausragendes Kennzeichen seiner Erscheinung, mit der dann der Tag des Herrn und seiner Herrschaft beginnt (2. Thes 1,8). Dann werden sofort die satanischen Agenten, das erste und zweite Tier aus Offenbarung 13 – der römische Kaiser und der Antichrist – gerichtet werden (Off 19,19-21).

9. Christus wird für die heute lebenden Erlösten als Bräutigam und Haupt des Leibes zur Entrückung kommen (Off 22,17.20;

Eph 1,22.23; 5,25-27; Kol 1,22). Für Israel und die Nationen wird Er dagegen als Sohn des Menschen, Richter und Messias erscheinen (Mt 24,30; 25,31).

10. Im Blick auf die Entrückung ist der Herr Jesus als *Person* derjenige, dessen Kommen nahe ist (Off 3,11). Was die Erscheinung betrifft, wird von dem *Königreich* bzw. von der *Zeit* gesprochen, das bzw. die nahe ist (Mt 3,2; Lk, 21,28; Off 22,10).

11. Wenn der Herr Jesus uns entrücken wird, bleibt die sichtbare Schöpfung davon unbeeinflusst. Erst die Gerichte, von denen Johannes in Offenbarung 6–16 berichtet, greifen direkt in die Natur ein. Der Verfall und die Zerstörung innerhalb der ersten Schöpfung bleiben somit auch nach der Entrückung bestehen. Allerdings werden die entrückten Erlösten aus dem Elend der ersten Schöpfung herausgeholt, um für ewig an der Neuschöpfung Anteil zu haben. Mit der Erscheinung dagegen wird das sehnliche Warten der gesamten (unintelligenten) Schöpfung auf Befreiung endlich seine Erhörung finden (Röm 8,19). Das heißt, der Niedergang und die äußerliche Degeneration werden ein Ende haben.

12. Die Entrückung ist für alle Erlösten, ob sie nun aus Juden oder Nationen stammen. So hat sie weder mit Juden noch mit Nationen als solchen zu tun. Bei der Erscheinung dagegen werden beide Gruppen voneinander unterschieden (Mt 24.25; Off 7).

13. Durch die Entrückung wird sich im Blick auf Israel keine Weissagung erfüllen. Durch die Erscheinung und sein Kommen für Israel auf dem Ölberg (Sach 14,4) wird Christus die Verheißungen und den Bund mit Abraham erfüllen. Auf dieses Kommen wurde immer wieder im Alten Testament hingewiesen.

14. Im Blick auf die Entrückung gibt es keine Zeichen und Bedingungen, die *zuvor* erfüllt werden müssen. Vor der Erscheinung des Herrn aber *müssen* nach 2. Thessalonicher 2 und Offenbarung 6–19 bestimmte Ereignisse erfüllt werden.

15. Im Zusammenhang mit der Entrückung redet die Schrift nicht von Zeichen und Wundern. Die Erscheinung des Herrn dagegen wird von überaus ernsten und sichtbaren Zeichen flankiert werden (Joel 3,3).

16. Die Entrückung ist das Ereignis eines Augenblicks (1. Thes 4,16.17). Die Erscheinung

Christi dagegen hängt mit einer ganzen Epoche zusammen, dem Tag des Herrn, dem 1.000-jährigen Friedensreich (Off 20,4.7).

17. Der Herr Jesus wird Morgenstern genannt, wenn es um die Entrückung der Erlösten geht (2. Pet 1,19; Off 2,28; 22,16). Wenn Gottes Wort von seiner Erscheinung spricht, wird Christus „Sonne der Gerechtigkeit" genannt (Mal 3,20). Zwischen dem Leuchten des Morgensterns und dem Aufgehen der Sonne vergeht einige Zeit. Dasselbe gilt für die Entrückung und dem Beginn des 1.000-jährigen Reiches.

18. Sowohl für die Entrückung als auch für die Erscheinung gibt es Vorbilder. Henoch wurde entrückt zu Gott (Heb 11,5), wie auch Elia in den Himmel auffuhr, ohne sterben zu müssen (2. Kön 2,11). Beide „sahen" ihren Gott, Jahwe, im Himmel. Noah dagegen erschien Jahwe auf der Erde (1. Mo 9; Heb 11,7), wie auch dem Elisa (2. Kön 6,17).

19. Die Entrückung ist das Tor dazu, dass Gott in Christus seine ganze Liebe als Vater den Erlösten *in seinem Haus* entgegenbringen kann. Die Erscheinung dagegen ist das Tor dazu,

dass Gott seine Macht und Herrlichkeit in voller Weise *auf der Erde* entfalten kann.

20. Die Entrückung führt die Erlösten in die ewige, *souveräne Gnade* und Liebe Gottes ein (Phil 3,21; Joh 14,2.3). Die Erscheinung wiederum führt die Erlösten mit Christus auf die Erde, um dort ihren *Lohn für die Treue* während ihres Erdenlebens zu genießen (Lk 19,17-19).

21. Die Entrückung wird den Erlösten vorgestellt (Joh 14,1-4; 1. Thes 4,15-17), nicht den Ungläubigen. Judas Iskariot war bei den Begebenheiten, die ab Johannes 13,30 geschildert werden, bereits abwesend. Die Erscheinung dagegen finden wir wiederholt in den Predigten der Apostel auch an Ungläubige (Apg 3,20.21; 17,31; 24,25).

Entrückung oder Erscheinung?

In der folgenden Tabelle habe ich diese Punkte noch ein-

	Entrückung
1.	Geheimnis: im AT nicht bekannt
2.	Christus in den Wolken, nicht auf der Erde
3.	Die Welt sieht Christus und die Entrückung nicht.
4.	Richterstuhl des Christus für die Gläubigen im Himmel
5.	Die Gläubigen werden von der Erde in den Himmel geholt.
6.	Kommen des Herrn für uns
7.	Akt der Barmherzigkeit
8.	Es geht um die Liebe Christi zu seiner Braut.
9.	Christus als Bräutigam und Haupt des Leibes
10.	Der Bräutigam ist nahe: Ich komme bald.

mal in übersichtlicherer Kurzform zusammengestellt.

Erscheinung
Schon im AT bekannt
Die Füße Jesu stehen auf dem Ölberg.
Alle Menschen werden Christus und die Seinen sehen.
Öffentliche Gerichtssitzung mit dem Thron des Sohnes des Menschen auf der Erde
Die Erlösten der AT/NT-Zeit kommen mit Christus auf die Erde.
Kommen des Herrn mit uns
Akt der Gerechtigkeit und Herrlichkeit
Es geht um das Richten des und der Bösen.
Christus als Sohn des Menschen, Richter und Messias
Das Königreich ist nahe – seine Erlösung und seine Regierung

11.	Die sichtbare / unsichtbare Schöpfung bleibt weiter dem Niedergang verhaftet.
12.	Kein Bezug zu Juden oder Nationen
13.	Keine Erfüllung von AT-Verheißungen
14.	Keine Bedingungen, die vorher erfüllt sein müssen
15.	Keine Hinweise auf Zeichen und Bedingungen
16.	Ereignis eines Augenblicks
17.	Christus als Morgenstern
18.	Die Entrückung von Henoch und Elia als Vorbild
19.	Tor dafür, dass Gott in Christus seins Liebe den Erlösten als Vater in seinem Haus offenbaren kann
20.	Führt die Erlösten in die ewige, souveräne Gnade und Liebe Gottes im Himmel ein
21.	Wird den Erlösten vorgestellt als Ermutigung
22.	Ist eine Ermunterung

Die sichtbare Schöpfung wird befreit und wiederhergestellt.
Unterscheidung von Juden und Heiden
Erfüllung von Sacharja 14,4 und anderen Verheißungen an Abraham und das Volk
Etliche Vorbedingungen müssen noch erfüllt werden (z. B. 2. Thes 2).
Furchtbare, sichtbare Zeichen als Begleitung
Zeitperiode von 1.000 Jahren
Christus als Sonne der Gerechtigkeit
Die Erscheinung des HERRN für Noah und Elisa als Vorbild
Tor dafür, dass Gott seine Macht und Herrlichkeit auf der Erde entfalten kann
Bringt den Erlösten Lohn für ihre Treue auf der Erde
Wird auch den Ungläubigen gepredigt
Ist eine Ermahnung und Warnung

Das Kommen des Herrn *für* die Seinen – sein Kommen *mit* den Seinen

Gelegentlich verwenden Gläubige den Ausdruck, dass der Herr Jesus „für die Seinen" kommt. Manchmal sprechen sie im Unterschied dazu davon, dass Er „mit den Seinen" kommt. Da sich diese Begriffe so nicht in dem Wort Gottes finden, möchte ich sie kurz erklären.

Wenn man vom Kommen des Herrn „für die Seinen" spricht, meint man sein künftiges Wiederkommen, um die Gläubigen zu sich in den Himmel zu holen. An *dieser* Stelle erörtern wir *nicht,* wann das geschieht. Darüber denken wir später nach. Aber die Tatsache selbst, dass der Herr Jesus für die (lebenden) Gläubigen kommt, um sie in den Himmel zu holen, finden wir in Johannes 14,2.3. Dort lesen wir, dass der Herr Jesus zu seinen Jüngern sagt: „In dem Haus meines Vaters sind viele Wohnungen; wenn es nicht so wäre, hätte ich es euch gesagt; denn ich gehe hin, euch eine Stätte zu bereiten. Und wenn ich hingehe und euch eine Stätte bereite, so komme ich wieder und werde euch zu mir nehmen, damit, wo ich bin, auch ihr seiet." Er holt uns zu sich dahin, wo Er jetzt ist: in den Himmel. Das ist das Kommen „für" uns.

Dann aber gibt es noch das Kommen „mit den Seinen“. Wenn man davon spricht, bezieht man sich darauf, dass Christus aus dem Himmel auf diese Erde zurückkommen wird, um hier zu regieren. Davon ist schon prophetisch im Alten Testament die Rede, wenn Sacharja davon schreibt, dass der Herr (Jahwe) ausziehen und gegen Nationen kämpfen wird. „Und seine Füße werden an jenem Tag auf dem Ölberg stehen, der vor Jerusalem im Osten liegt; und der Ölberg wird sich in der Mitte spalten“ (Sach 14,4).

Das heißt, der Herr Jesus wird kommen, um seine Regierung auf dieser Erde anzutreten. Davon spricht Er im Buch der Offenbarung. In Kapitel 19,11-16 liest man, wie Er als König der Könige und Herr der Herren kommen wird. Er kommt allerdings nicht allein, sondern mit Kriegsheeren, die mit feiner Leinwand bekleidet sind. Zuvor wird der Braut des Lammes diese Bekleidung im Blick auf die Hochzeit Christi mit seiner Braut geschenkt. Die Braut des Lammes ist die Versammlung Gottes (Eph 5,32). Der Apostel Paulus bestätigt in Kolosser 3,4, dass wir, die bekehrten Christen, mit dem Herrn Jesus auf diese Erde kommen werden: „Wenn der Christus, unser Leben, offenbart werden wird, dann werdet auch ihr mit ihm offenbart werden in Herrlichkeit.“

Fällt die Erscheinung des Herrn mit der Entrückung zusammen?

Bevor wir uns in weiteren Kapiteln einige Einzelheiten über wesentliche Unterschiede zwischen Erscheinung und Entrückung vornehmen, sehen wir uns den Bibelvers in 2. Thessalonicher 2,8 noch einmal genauer an: „Und dann wird der Gesetzlose offenbart werden, den der Herr Jesus verzehren wird durch den Hauch seines Mundes und vernichten wird durch die Erscheinung seiner Ankunft." Dieser Vers wird uns noch ausführlicher beschäftigen. Hier reicht es zunächst, das „dann" anzusehen. Es gibt bestimmte Dinge, die geschehen müssen, bevor der Herr Jesus hier erscheinen kann: Der Gesetzlose – gemeint ist der Antichrist, der künftige gottlose König in Israel (Jes 30,33; Dan 11,36), von dem der Herr Jesus bereits gesprochen hat (Joh 5,43) – muss offenbart sein, sonst kann er nicht beim Kommen des Herrn vernichtet werden. Von solchen Ereignissen lesen wir in Verbindung mit der Entrückung in 1. Thessalonicher 4 nichts.

In 2. Thessalonicher 2 lesen wir zudem, dass auch der Gesetzlose (der Antichrist) nicht ohne Weiteres offenbart werden kann. Zuerst muss der Abfall kommen – ein vollständiges Abfallen von der christlichen Wahrheit (2. Thes 2,3). Und noch etwas muss geschehen, bevor dieser Gesetzlose als Regent auftreten kann: Da ist etwas, „was zurückhält" (V. 6), und da ist der, „der zurückhält" (V. 7). Erst wenn „das" und „der" aus dem Weg geräumt sind (was konkret gemeint ist, erläutert der Apostel an dieser Stelle nicht) kann der Gesetzlose offenbar werden. Und dieser Gesetzlose wird dann durch den Hauch des Mundes des Herrn Jesus vernichtet werden „durch die Erscheinung seiner Ankunft".

Keine Voraussetzungen für die Entrückung

Solche Voraussetzungen werden im Blick auf die Entrückung in 1. Thessalonicher 4 auch nicht ansatzweise genannt. Dort werden wir vielmehr ermutigt, auf das Ereignis der Entrückung ohne Angst und Betrübnis zu warten. Der Apostel muss die Gläubigen in Thessalonich im ersten Brief nicht darüber belehren, was vor der Entrückung noch alles passieren muss. Vielmehr ermutigt er die Thessalonicher mit dem Hinweis auf die christliche Hoffnung. Die Thessalonicher hatten nämlich große Sorge, dass die gestorbenen Gläubigen, da sie nicht mehr lebten, viel Segen verlieren würden. Paulus aber schreibt ihnen, dass das Gegenteil der Fall ist: Sie werden als Erste bei der Entrückung einen Auferweckungskörper haben, noch vor den lebenden Gläubigen. Und danach würden die lebenden Gläubigen mit ihnen verwandelt werden. Zusammen dürfen beide Gruppen dann den ewigen Segen Gottes genießen.

Paulus rechnete sogar unmittelbar damit, dass dieses Ereignis stattfinden würde. Er kann freudig sagen: „Danach werden *wir, die Lebenden,* zugleich mit ihnen entrückt werden“ (V. 17). Es gab nichts, was vor dieser Entrückung noch zu geschehen hatte. Paulus rechnete täglich damit. Und er nahm an, dass dieses Ereignis jederzeit, ja noch am selben Tag stattfinden könnte.

Aus diesen Worten wird deutlich, dass die Entrückung vor der Erscheinung und dem Offenbarwerden Jesu Christi erfolgen muss. Und nach der Entrückung? Dann werden Ereignisse stattfinden, von denen der Apostel im zweiten Kapitel des zweiten Briefes ausführlich spricht. Er verbindet sie mit dem Tag des Herrn (V. 2). Damit beschäftigen wir uns im Folgenden noch eingehender. Wir gehen dann auf einige Einzelheiten ein, die wir bislang, der Übersichtlichkeit wegen, übergangen haben.

Zusammenfassung

Zwischen der Entrückung und der Erscheinung des Herrn gibt es viele Unterschiede. Der Charakter der Entrückung ist, dass sie ein Ereignis der Gnade für die Gläubigen ist. Diese Phase des Kommens Jesu wird vor der Welt verborgen bleiben. Die Erscheinung des Herrn Jesus dagegen wird sichtbar sein. Sie ist durch äußere Machtentfaltung geprägt und wird die öffentliche Regierung des Herrn Jesus als König der Könige einleiten. Zwischen der Entrückung und der öffentlichen Erscheinung Jesu liegen mindestens sieben Jahre.

Was haben Christen mit der Drangsalszeit zu tun?

Wir haben uns einige Einzelheiten zur Entrückung und zur Erscheinung des Herrn angesehen. Nachdem wir auch Gottes unterschiedliche Charakterisierung beider Ereignisse in der Schrift überdacht haben, wenden wir uns im Folgenden der zentralen Frage zu: Werden Christen die „große Drangsal" erleben? Wie steht diese besondere Drangsal mit den Trübsalen in Verbindung, die wir als Christen mehr oder weniger erleben? Und wie verbinden sich diese Nöte mit der Entrückung und mit der machtvollen Erscheinung des Herrn?

Eine Frage der christlichen Hoffnung und Erwartung des Herrn

Ein zentrales Thema für Christen ist die christliche Hoffnung. Vielfach werden wir darüber im Neuen Testament belehrt (vgl. Röm 5,2-5; 8,24; 1. Kor 13,13; Gal 5,5; Kol 1,5 usw.). Diese Hoffnung bezieht sich auf die Entrückung, auf das Wiederkommen Jesu, um uns in den Himmel zu holen.

Was aber wäre, wenn diese Hoffnung nichts direkt mit dem Himmel zu tun hätte? Was wäre, wenn diese Hoffnung lediglich darauf gerichtet wäre, dass wir mit Ihm auf der Erde regieren? Dann hätten wir keine himmlische Hoffnung, sondern eine irdische. Dann würde uns letztlich kaum noch etwas von anderen Familien Gottes wie Israel oder den Nationen unterscheiden (Eph 3,15).[11]

Eine solche Auffassung steht im Widerspruch dazu, dass alle, die zur Versammlung Gottes gehören, Gegenstand des ewigen Ratschlusses Gottes sind

---

11 Nach Epheser 3,15 hat Gott unterschiedliche Familien. Das sind jeweils Gläubige, die in einer jeweils speziellen Beziehung zu Gott stehen. Israel war das Volk Gottes, mit dem Gott einen Bund geschlossen hat durch das Gesetz. Die Gläubigen heute hat Gott in einzigartiger Weise mit sich verbunden, indem Er sie zu seinen Kindern gemacht hat, usw. Vielleicht fragt sich jemand, warum es so wichtig ist, zwischen Juden und Nationen einerseits und der Versammlung (Gemeinde) Gottes andererseits zu unterscheiden. Im Alten Testament gab es die Versammlung noch nicht. Dort stellt Gott das Volk Israel als Volk dar, das von den übrigen Nationen abgesondert ist. Die Menschen gehörten entweder zu den Juden *oder* zu den Nationen. Im Neuen Testament werden die Nationen teilweise auch als „Griechen" bezeichnet. Das ist dort eine Art Oberbegriff für Nicht-Juden, gerade wenn sich der Apostel Paulus an Versammlungen aus Griechenland oder Mazedonien wendet. Die Versammlung ist erst nach dem Tod, der Auferstehung und Himmelfahrt Christi entstanden, als an Pfingsten der Heilige Geist auf die Erde kam (Apg 2). Sie besteht aus Menschen, die ursprünglich Juden oder Nationen *waren* (Röm 9,24; Eph 2,11-16; Kol 3,11). Jetzt aber sind sie zu dieser Versammlung „verschmolzen" und damit keine Juden oder Griechen mehr: „Seid ohne Anstoß, sowohl Juden als Griechen als auch der Versammlung Gottes" (1. Kor 10,32). Wenn also von „Nationen" oder „Juden" die Rede ist, bezieht sich der Geist Gottes *nicht* auf die Versammlung.

(vgl. Eph 3,4-19). Das wird weder im Blick auf Israel noch von den Nationen gesagt.

Zur Versammlung Gottes gehören alle, die an den Herrn Jesus Christus und sein Erlösungswerk glauben und mit dem Heiligen Geist versiegelt sind. Das unterscheidet die heute lebenden Gläubigen grundlegend vom Volk Israel und von den Nationen.

Zudem heißt es mehrfach im Neuen Testament, dass Gott uns aus dieser Welt herausgenommen hat, um uns mit dem Himmel zu verbinden (vgl. Gal 1,4; Eph 2,6; Phil 3,13; Heb 3,1). Wir leben *heute* auf der Erde. Und wir wissen aus Stellen wie Offenbarung 22,5, dass wir im 1000-jährigen Reich über diese Erde regieren werden. Aber unsere *eigentliche Bestimmung* ist der Himmel. Dorthin wird uns der Herr Jesus nach Johannes 14,2-4 bringen. Würden Christen allerdings ein irdisches Königreich erwarten, so gäben sie ihre himmlische Stellung auf (Phil 3,20.21). Sie würden zu irdischen Gläubigen mit irdischer Zukunft. Diese Überzeugung fesselt Gläubige an diese Erde und Welt. Dabei hat uns Gott aus der Welt herausgenommen. Er möchte, dass wir uns innerlich von dieser Welt lösen, damit wir unserer himmlischen Berufung entsprechend leben.

Eine Frage der Epochen – ist die Versammlung das geistliche Israel?

In Verbindung mit der himmlischen Bestimmung der Versammlung steht ein zweiter Punkt, den wir schon kurz gestreift haben. Die himmlische Hoffnung der Erlösten, die untrennbar zur Versammlung (Gemeinde) Gottes gehört, kennt keine andere Familie Gottes auf der Erde.

Das Volk Israel wartete auf seinen Messias, der sein Königreich auf der Erde aufrichten sollte. Die gläubigen Nationen werden nach der Entrückung durch die Predigt des ewigen Evangeliums ebenfalls auf den Messias-Gott warten, der sie auf dieser Erde als Sohn des Menschen durch das Volk Israel segnen will (Hag 2,7; Mt 25,31) . Für die Erlösten, die zur Versammlung Gottes gehören, wird es dagegen keinen Segen durch das Volk Israel geben. Sie ist in Christus direkt mit himmlischem Segen beschenkt.

Wir warten darauf, dass der Herr Jesus uns dahin bringt, wo Er selbst zu Hause ist: in den Himmel und in das Haus seines Vaters (Joh 14,1-3). Das richtet unsere Blicke weg von den irdischen Umständen hin zu dem verherrlichten Christus. Das lässt uns von der Erde wegschauen hin nach oben. Gerade das ist die hohe Würde unserer christlichen Stellung. Die

Freude und der Genuss dieser Stellung ginge ohne die Erwartung der Entrückung verloren.[12]

Die Versammlung ist untrennbar mit der Entrückung verbunden

Die biblische Belehrung über die Versammlung Gottes ist unauflöslich mit der biblischen Lehre über die Entrückung verbunden.[13] Darauf haben bereits Gegner der so genannten Vor-Entrückungslehre verwiesen, und das mit Recht. Diese selbst allerdings sind überzeugt, dass die Christen nicht *vor* der Drangsalszeit entrückt werden, sondern während oder nach dieser Trübsalszeit.

Wer allerdings die Vor-Entrückung ablehnt und damit die Naherwartung des Kommens Jesu zur Entrückung als falsch ansieht, gibt damit – vielleicht unbewusst – in einem wesentlichen Punkt die Einzigartigkeit der Versammlung auf. Dann würde sich die Versammlung nämlich nicht mehr von Juden und Nationen unterscheiden, was die Drangsalszeit betrifft. Denn die Juden und Nationen werden diese Trübsal erleben. Die Versammlung dagegen

---

12 Anhang 3 behandelt die Frage nach dem geistlichen Israel etwas ausführlicher.

13 Anhang 4 beantwortet noch einmal die Frage, ob es denkbar ist, dass Christen nicht in die Drangsalszeit kommen, die Versammlung aber doch.

wartet nicht auf die Drangsal auf der Erde, sondern auf den wiederkommenden Christus, um in den Himmel zu ihrem Bräutigam und Haupt geholt zu werden. Der Himmel ist ihre Bestimmung. Er ist ihr Wohnort, wenn Gott Gericht auf dieser Erde üben wird. Die sichtbare Erscheinung des Herrn in Macht und Herrlichkeit geschieht für Israel und für die Nationen. Sie ist für solche, die ihren Platz hier auf der Erde haben. Und selbst wenn man an eine Entrückung im Verlauf oder nach der Trübsalszeit denkt, wartet der Erlöste nicht zuerst auf das Kommen Christi, sondern auf Trübsale ... Damit schaut man nicht nach oben, sondern nach unten.

Wenn die Versammlung nicht die Entrückung erwarten würde, wäre sie von ihrem Charakter wie Israel und die Nationen. Ihr Wesen wäre dann irdischer und nicht himmlischer Natur. Wer also die Naherwartung des Kommens Jesu zur Entrückung aufgibt, steht in Gefahr, die himmlische Stellung der Erlösten aus dem Auge zu verlieren.

Die Erlösten heute bilden die Versammlung Gottes, die im Neuen Testament als ein Organismus beschrieben wird, dessen „Idee“ in der (vergangenen) Ewigkeit liegt. Die Versammlung ist Teil des Ratschlusses Gottes und untrennbar mit dem verherrlichten Christus verbunden (Eph 3). Der einzigartige Segen der erlösten Christen hängt mit der besonderen Stellung in Christus zusammen:

a) mit einem verherrlichten Christus im Himmel, nicht mit einem Richter und König auf der Erde;

b) mit dem Geist Gottes auf der Erde, der in dem Gläubigen persönlich und in der Versammlung wohnt, nicht mit einem Geist, der die Erde verlassen hat (2. Thes 2,6.7);

c) mit dem vollbrachten Erlösungswerk, auf das wir zurückschauen können, also mit einer erlebten Erlösung (1. Pet 1,18), nicht mit einer Erlösung, auf die wir noch warten müssen (Hos 13,14; Mi 4,10; Lk 21,28).

Angst vor der Drangsal oder freudiges Erwarten des Kommens des Herrn?

Schließlich darf man nicht übersehen, dass diese Frage nach dem Zeitpunkt der Entrückung auch etwas mit dem Empfinden von Angst und Sorge zu tun hat. Wenn ich auf die Entrückung *vor* der Drangsalszeit warte, um für immer bei dem Herrn Jesus zu sein, freue ich mich auf das, was mich erwartet. Wenn ich dagegen auf die Drangsalszeit warten muss, die der Entrückung vorausgeht, kann ich darauf sicherlich nicht voller Freude warten. Dann werde ich vielmehr Sorge haben müssen, wie ich durch diese Zeit hindurchkomme, ohne zu versagen und den Glauben aufzugeben. Das führt ganz und gar nicht zu Ruhe und innerer Glückseligkeit.

Wir müssen uns also noch mit der Frage beschäftigen: Hat Gott uns im Neuen Testament darauf vorbereitet, eine Drangsalszeit erdulden zu müssen? Oder stellt Er uns das Kommen des Herrn zur Entrückung als glückselige Hoffnung vor, um unsere Herzen für Christus zu erwärmen? Wir wissen, dass der Herr diese Hoffnung immer wieder nennt, um uns zu ermutigen. Dass Christen Sorge haben müssten vor einer Drangsalszeit, lesen wir im Wort Gottes an keiner Stelle. Christen brauchen keine Angst zu haben.

Vor diesem Hintergrund handelt es sich nicht um eine nebensächliche Frage, ob wir noch durch die Drangsalszeit hindurchgehen müssen. Es geht um etwas, was uns als Christen sehr wichtig ist. Es betrifft unser Glaubensleben und unsere Überzeugungen auf direkte Weise.

Ist alle Schrift „über die Christen" geschrieben?

Was sagt uns Gott in seinem Wort, welche Teile der Schrift für uns Christen von Belang sind? „*Alle Schrift* ist von Gott eingegeben und nützlich zur Lehre, zur Überführung, zur Zurechtweisung, zur Unterweisung in der Gerechtigkeit, damit der Mensch Gottes vollkommen sei, zu jedem guten Werk völlig geschickt" (2. Tim 3,16.17). Mit anderen Worten: Jeder Teil der Schrift ist (auch) *für uns* geschrieben worden.

Heißt das aber, dass jeder Abschnitt zugleich *über uns* geschrieben wurde bzw. dass er sich auf Christen bezieht? Natürlich nicht! Wenn Gott über Juden oder Israeliten spricht, dann ist nicht die Versammlung Gottes gemeint. Wenn Gott über Nationen im Alten Testament oder in der zukünftigen Zeit schreibt, dann ist das wieder nicht die Versammlung Gottes.

Gott, der Autor der Bibel, kann von uns erwarten, dass wir geistliches Unterscheidungsvermögen besitzen. Dafür hat Er uns seinen Geist gegeben. Johannes schreibt von der Salbung des Heiligen Geistes, so dass wir alles wissen und in dieser Hinsicht unterscheidungsfähig sind (1. Joh 2,20). Dieser Geist führt uns in die ganze Wahrheit (Joh 16,13).

Als Erlöste kennen wir nicht alle Einzelheiten des Wortes Gottes. Wir sind auch nicht in der Lage, alles zu erklären. Aber wir *wissen alles*, so heißt es in Gottes Wort. Was bedeutet das? Der Geist Gottes befähigt uns, alles geistlich zu beurteilen. Dazu ist es allerdings nötig, dass wir Gottes Wort unter Gebet lesen und Bibelwort mit Bibelwort vergleichen (vgl. 2. Pet 1,20). Auf diese Weise sind wir fähig zu erkennen, dass die „christlichen Trübsale“ ganz anderer Natur sind als die der „großen Drangsalszeit“. Dann verstehen wir, dass Gott in unterschiedlichen Zeitepochen unterschiedliche Familien hat, mit denen Er jeweils eine andere Beziehung pflegt.

So verstehen wir, dass die Wege Gottes mit den Menschen nicht zu jeder Zeit dieselben sind. Und wir erfassen, dass Israel das Volk Gottes auf der Erde war und in Zukunft wieder sein wird. Die Versammlung dagegen ist nur vorübergehend auf der Erde, da ihr Wesen, ihre Bestimmung und ihre Zukunft himmlischer Natur sind (vgl. Mt 16,18; Röm 16,25.26; Eph 1,22.23; 3,8-11.15; 5,25-27). Wenn Gott über Israel spricht, hat Er etwas anderes vor Augen, als wenn Er über die Versammlung spricht.

Drangsale in der christlichen Zeit

Wir sehen uns nun Bibelstellen an, die mit Leiden und Trübsalen der Erlösten in der christlichen Zeitepoche zu tun haben. Hier geht es somit wirklich um Christen, an die sich der Geist Gottes wendet. Schon der Herr Jesus sprach davon, dass der Lebensweg der Gläubigen nicht einfach ist. Auch die Apostel und Propheten des Neuen Testaments weisen uns darauf hin.

- *„Dies habe ich zu euch geredet, damit ihr in mir Frieden habt. In der Welt habt ihr Bedrängnis; aber seid guten Mutes,* ICH *habe die Welt überwunden"* (Joh 16,33).
  In Vers 32 dieses Kapitels hatte der Herr Jesus seine Jünger auf die Folgen seiner Gefangennahme und seines Todes hingewiesen. Sie würden zerstreut werden und nach Hause gehen, wenn der Herr seinen letzten Weg ans Kreuz gehen würde. Aber nach seinem Erlösungswerk sollten sie in Ihm Frieden haben: Sie würden in ihrem Glaubensleben den Frieden genießen, den auch Er in seiner Beziehung zu seinem Vater besessen hat. Unabhängig davon, ob ihre Lebensumstände schwer oder leicht wären, könnten sie durch sein Erlösungswerk in innerem Frieden und in Gemeinschaft mit Gott, dem Vater, leben. Sie sollten kein leichtes Leben erwarten. In der Welt gibt es viele Drangsale. Aber da der Herr die Welt in ihrer Kraft und Bosheit überwunden hat, können sie sich auf Ihn stützen. Die Jünger glaubten an Ihn, sie kannten seine Herrlichkeit und seine Gnade, die für sie die Quelle des Überwindens ist. Auch wir schauen auf zu Ihm, Der uns Kraft für alle Dinge gibt.

- Und sie *„befestigten die Seelen der Jünger und ermahnten sie, im Glauben zu verhar-*

ren, und dass wir durch viele Trübsale in das Reich Gottes eingehen müssen" (Apg 14,22). Der Apostel Paulus und seine Mitarbeiter machten den Gläubigen deutlich, dass der Weg durch Leiden in die Herrlichkeit führt. Letzteres ist an dieser Stelle das Reich Gottes, für uns das himmlische Reich, in das wir bei der Entrückung bzw. mit der körperlichen Auferstehung eintreten werden. Darauf freuen sie sich (2. Tim 4,8). Ein Christ sollte allerdings nicht denken, dass er an der Hand seines Meisters ein Leben ohne Trübsale führen kann. Christsein und Trübsale gehören auch heute untrennbar zusammen.

- *„Denn euch ist es im Blick auf Christus geschenkt worden, nicht allein an ihn zu glauben, sondern auch für ihn zu leiden"* (Phil 1,29). Die Philipper kämpften im Evangelium mit Paulus. Sie waren bereit, in ihrem Dienst für den Herrn Jesus auch Leiden zu erdulden. Das wurde seitdem für jeden Gläubigen, der seinem Meister im Evangelium dient, mehr oder weniger Wirklichkeit. Ein Leben in Hingabe für den Herrn, ein konsequentes Zeugnis für Christus, Dienst für unseren Herrn ohne Leiden gibt es nicht.

- *„Das Wort ist gewiss; denn wenn wir mitgestorben sind, so werden wir auch mitleben; wenn wir* *ausharren, so werden wir auch mitherrschen"* (2. Tim 2,11.12). Um im Zeugnis und Dienst nach außen *für* Christus zu leiden, muss man sich praktischerweise einsmachen mit Christus und seiner Sache in dieser Welt. Wenn wir aber nicht in unserem täglichen Glaubensleben *mit* Ihm leiden, wie sollen wir dann erwarten können, mit Ihm verherrlicht zu werden? Paulus spricht in diesen Versen davon, dass das Ausharren in schwierigen Umständen, das geduldige Ertragen von Leiden die Voraussetzung dafür ist, im künftigen Königreich auch mit Christus zu herrschen. Wir gehören heute zu dem verworfenen Christus. Wer sich zu Ihm bekennt, wird unweigerlich leiden müssen. Denn Er ist bis heute der Verworfene und wird von den Menschen abgelehnt; in gleicher Weise auch diejenigen, die zu Ihm gehören. Mit anderen Worten: Wer nicht in der einen oder anderen Form Ablehnung und Widerstand erfährt, mögen diese noch so gering sein, muss sich fragen, ob er überhaupt nach außen erkennbar als Christ lebt.

- *„Wenn aber Kinder, so auch Erben – Erben Gottes und Miterben Christi, wenn wir nämlich mitleiden, damit wir auch mitverherrlicht werden"* (Röm 8,17).

Das, was der Apostel Paulus in diesem Vers nennt, unterscheidet unsere Stellung heute grundsätzlich von unserer Stellung im 1.000-jährigen Friedensreich. Denn heute *werden wir regiert.* Dann aber werden wir *mit Christus* über die dort lebenden Menschen *regieren* (vgl. Off 20,4; 1. Kor 4,8; 6,3). Und regiert zu werden inmitten einer Gott feindlichen Welt beinhaltet immer auch Leiden.

Wir lernen in diesen und manchen weiteren Bibelstellen, dass Christen nicht die Verheißung haben, dass sie heute ihr Leben in *äußerem* Glück führen können. Gott lässt uns nicht im Unklaren darüber, dass der Lebensweg eines Christen mit der Ablehnung durch seine Mitmenschen verbunden ist. Das bedeutet jedoch nicht, dass wir *innerlich* unglücklich sein müssen. Paulus ist das beste Beispiel dafür, dass man in innerem Frieden ein glücklicher Christ sein kann, obwohl man äußerlich verfolgt wird, vielleicht sogar bis zum Tod. Wir leben also in einer Zeit, die für die Erlösten von Trübsalen geprägt ist.

Die „große Drangsal“ gilt nur für das Volk Israel (Mt 24,21)

Im Blick auf Christen wird also von persönlichen Nöten, zum Teil auch von Verfolgungen gesprochen. Nun stellt sich die Frage, ob diese Drangsale und Trübsale zu der „großen Drangsal“ gehören, die der Herr Jesus in Matthäus 24,21 anspricht. Jeremia spricht in ähnlicher Weise von dieser Zeit und nennt sie „Drangsal für Jakob“ (Jer 30,7). Mit anderen Worten: Müssen die Erlösten der christlichen Zeit noch durch *diese* spezielle Drangsal hindurchgehen?

Sehen wir uns zunächst Daniel 12,1.2 an, wo auch von einer Drangsal die Rede ist: „Und in jener Zeit wird Michael aufstehen, der große Fürst, der für die Kinder deines Volkes steht; und es wird eine Zeit der Drangsal sein, wie sie nicht gewesen ist, seitdem eine Nation besteht bis zu jener Zeit. Und in jener Zeit wird dein Volk errettet werden, jeder, der im Buch geschrieben gefunden wird. Und viele von denen, die im Staub der Erde schlafen, werden erwachen: diese zu ewigem Leben und jene zur Schande, zu ewigem Abscheu.“

Das Besondere der großen Drangsal

Gott spricht hier zu seinem Propheten von einer Drangsal, die alle anderen weit in den Schatten stellen wird. Wie wir gesehen haben, gibt es auch heute Drangsale (Joh 16,33). Aber das, was dann auf die Menschen warten wird, ist eine Trübsal, „wie sie nicht gewesen ist, seitdem eine Nation besteht“. Diese Aussage Gottes durch Daniel deckt sich mit den Worten in Matthäus 24,21: „Dann wird große

Drangsal sein, wie sie seit Anfang der Welt bis jetzt nicht gewesen ist und auch *nicht* wieder sein wird." Auch in Joel 2,2 spricht Gott von dieser unvergleichlich schrecklichen Zeit.

Wer muss durch diese Drangsal hindurchgehen? Dem Propheten Daniel wird gesagt: „dein Volk". Das zeigt klar, dass es um das *Volk Israel,* besonders um das *Südreich Juda* geht. Das wiederum passt zu der Bedeutung der Verse in Matthäus 24,1-44. Wie weiter hinten ausgeführt, geht es dort ebenfalls um das Volk der Juden. Immer wieder wird auf jüdische Elemente verwiesen, die nichts mit der christlichen Zeit zu tun haben. Auch die Lokalisierung „Judäa" (V. 16) zeigt, dass es um Israel, Jerusalem und die Juden geht, nicht um Christen.

Nach Daniel 12,2 endet diese Drangsalszeit mit der Auferstehung. Aus Offenbarung 20,4.5 entnehmen wir, dass diese Auferstehung zu Beginn des 1.000-jährigen Friedensreiches stattfinden wird. Zu dieser Zeit werden die gläubigen Juden auferstehen, die in der furchtbaren Drangsal umgekommen waren. Den Zorn selbst, der über das Volk der Juden insgesamt kommen wird, bevor die gläubigen Übriggebliebenen[14] „errettet werden",

14 Diese Übriggebliebenen, auch Überrest genannt, sind Juden, die Jesus als Messias erkennen und anerkennen. Zu diesem Glauben kommen sie, nachdem die Gläubigen der christlichen Zeit entrückt worden sind. Gott wird eine Erweckung inmitten des jüdischen Volkes bewirken und es wird manche geben, die sich dadurch be-

beschreibt Gott im Alten Testament auf vielfache Weise.

Daniel 12 macht deutlich, wer durch *diese* Drangsal, die große Drangsal, hindurchgehen muss: das Volk des Propheten, also die Juden. Denn Daniel gehörte zu den zwei Stämmen Juda und Benjamin, die in der Regierungszeit Zedekias endgültig von Nebukadnezar überwunden und in Gefangenschaft geführt worden waren (Dan 1,3.6). Genau von diesen Weggeführten spricht auch der Herr Jesus in Matthäus 24. In Vers 22 nennt Er die Auserwählten, die *in Judäa und Jerusalem* wohnen.

Nun beschäftigt uns ja die Frage, ob auch wir Christen diese Drangsal erwarten müssen. Die Wortwahl, die wir in den genannten Bibelabschnitten finden, spricht dagegen. Zwar werden auch Christen „Auserwählte" genannt. Aber sie haben nichts mit Judäa und Jerusalem zu tun. Daher können die in Matthäus 24 genannten Auserwählten *nicht* diejenigen sein, die nach Epheser 1,4 vor Grundlegung der Welt auserwählt wurden (die Christen). Es kann sich nur um Juden handeln. Denn das prägende Kennzeichen von Christen ist nicht, dass sie in Judäa oder Jerusalem wohnen, auch wenn es dort Christen gab.

---

kehren. Durch ihren Glauben werden sie vom ungläubigen Israel verfolgt werden. Das wird besonders in der „großen Drangsal" der Fall sein. Im Alten Testament ist vielfach von dem Überrest oder den Übriggebliebenen die Rede (vgl. Jes 1,9; 7,3; 10,20; Jer 9,3; 23,3; Joel 3,5 usw.).

Im Allgemeinen wohnen sie nicht in Israel oder in einer bestimmten Gegend.

Nicht nur die genannten örtlichen Bezüge, sondern auch der „Gräuel der Verwüstung" (Mt 24,15) hat nach Daniel 12,11 Bezug zu den jüdischen Opfern, also zum Tempel in Jerusalem. Alles trägt in den genannten Abschnitten in Daniel 12, Matthäus 24, Jesaja, Hesekiel usw. jüdischen Charakter.

In Matthäus 24,31 finden wir dann allerdings eine interessante Erweiterung. Dort lesen wir, dass nicht nur das Zwei-Stämme-Reich, sondern das gesamte Volk Israel gerettet werden wird. Das passt zu Daniel, denn nach Daniel 1,3; 9,7.11.20 gehörte Daniel nicht nur zu Juda, sondern damit auch zu ganz Israel. Er fühlte sich dem gesamten Volk zugehörig.

Drangsal Jakobs

Auch der Ausdruck „Drangsal für Jakob" (Jer 30,7) ist in einen Kontext eingebettet, der deutlich von Juda und Israel spricht: „Siehe, Tage kommen, spricht der HERR, der Gott Israels, da ich die Gefangenschaft meines Volkes Israel und Juda wenden werde, spricht der HERR; und ich werde sie in das Land zurückbringen, das ich ihren Vätern gegeben habe, damit sie es besitzen" (Jer 30,3). Jahwe fährt in seiner Botschaft fort: „Und dies sind die Worte, die der HERR über Israel und über Juda geredet hat" (V. 4). Auch in den Versen 9 und 10 heißt es: „Sie werden dem HERRN, ihrem Gott, dienen und ihrem König David, den ich ihnen erwecken werde. Und du, fürchte dich nicht, mein Knecht Jakob, spricht der HERR, und erschrick nicht, Israel!"

Das zeigt: Nicht nur in Matthäus 24 bezieht sich „große Drangsal" auf eine spezielle Trübsal für Juda, sondern in gleicher Weise in Jeremia 30 die „Drangsal Jakobs". An keiner dieser Stellen geht es um die Nationen oder um die Versammlung.

Vergleich der heutigen Trübsale mit der großen Drangsal

Der Herr Jesus spricht in seinem Brief an die Versammlung in Philadelphia von der „Stunde der Versuchung, die über den ganzen Erdkreis kommen wird" (Off 3,10). Er sagt zu, die Versammlung vor dieser Prüfungszeit zu bewahren. Wir werden uns mit dieser Zusage noch ausführlich beschäftigen. Ab Kapitel 4 und besonders in den Kapiteln 6-19 zeigt der Herr im Buch der Offenbarung, dass diese „Stunde der Versuchung" eine Periode furchtbarer Gerichte ist, die Gott über die Menschen bringen wird, die dann auf der Erde leben werden. Ein Merkmal dieser Zeit besteht darin, dass sich der

Antichrist in den Tempel setzen wird. Er wird sich als Gott verehren lassen (2. Thes 2,4). Die Schärfe des daraufhin einsetzenden Gerichts Gottes wird beispiellos sein. Das haben wir in Matthäus 24 gesehen.

Noch nie gab es zuvor eine solche satanische Dreieinheit. Sie wird aus dem Teufel selbst, dem Oberhaupt des römischen Reiches und dem Antichristen bestehen. Wir lesen davon in Offenbarung 13. Die beiden Tiere (das römische Oberhaupt und der Antichrist) werden in ihrem Hass gegen alle dann lebenden Gläubigen – das werden Gläubige aus den Nationen und aus den Juden sein – vom Drachen (Satan) inspiriert sein. Vereint kämpfen sie gegen den Gott Israels, Jahwe, und seinen Christus. Sie werden aber erleben, dass Gott auch gegen sie kämpft. Dazu benutzt Er zunächst als Agenten seine Engel, die in der Gerichtszeit Qualen auf die Erde bringen werden. Diese Gerichte werden im Buch der Offenbarung unter jeweils sieben Siegel-, Posaunen- und Schalengerichten zusammengefasst (Off 6–8; 8–11; 16).

Diese Zeit der Leiden hat nichts mit den Trübsalen zu tun, derer wir heute wertgeachtet werden. Heute geht es nicht um Gericht über eine schuldige Welt, sondern um die Regierung von Seiten Gottes.

Sein regierendes Handeln heute betrifft sowohl die Gläubigen als auch die Ungläubigen.

Was bedeutet dieses Handeln Gottes für uns heute? Wir finden zwei Ziele im Handeln Gottes heute:

1. Gott lässt im Leben der Gläubigen Leiden zu, damit sie ihr Leben mehr nach Gottes Maßstäben ausrichten. Seine aus Liebe züchtigende Hand hat das Ziel, dass wir die Prioritäten in unserem Leben überprüfen und Christus zum Mittelpunkt unseres täglichen Lebens machen sowie das Böse meiden.

2. Ungläubige führt die Regierung Gottes heute zur Bekehrung und zum Glauben an den Retter Jesus Christus.

In der Trübsal nach der Entrückung finden wir wieder zwei Ziele, die sich davon aber doch unterscheiden:

1. Es handelt sich dann besonders um Gottes unerbittliches Gericht über ein abtrünniges Volk, das Volk der Juden. Sie sind ungläubig und kommen unter das Gericht Gottes.

2. Was die gläubigen Juden betrifft, so wird Gott sie reinigen und läutern (Mal 3,2.3). Sein Ziel

ist es, dass sie zum Bekenntnis kommen, dass sie ihren eigenen Messias ans Kreuz gebracht haben. Dieses Bekenntnis werden sie aussprechen, wie Jesaja 53 deutlich macht. Und sie sollen dazu gebracht werden, das Evangelium des Königreichs auf der ganzen Erde zu verbreiten (Mt 24,14). Auch das werden sie tun.

Flucht oder Ausharren?

In dieser Zeit sollen die gläubigen Juden fliehen (vgl. Mt 24,16-20). Ein ähnliches Gebot galt den gläubigen Christen in apostolischer Zeit, als Jerusalem wegen des Unglaubens und der Rebellion Israels zerstört wurde (vgl. Lk 21,20-24). Darauf komme ich gleich noch einmal zurück. Wir Christen in der heutigen Zeit dagegen sollen von Herzen bereit sein, für und mit Christus zu leiden (vgl. 2. Tim 2,9.10.12; Phil 1,29.30). Von Fliehen lesen wir für uns Christen in dieser Hinsicht nichts.

Festgelegte oder unbestimmte Zeit?

Es gibt noch einen weiteren wichtigen Unterschied zwischen den beiden Trübsalen. Die Zeit, die als große Drangsal über die Juden und die Nationen kommen wird[15], ist von ihrer Dauer festgelegt: sieben Prüfungsjahre, dreieinhalb Jahre große Drangsal (vgl. Dan 9,27; 12,11.12; Off 12,6; Mt 24,15-28). Die Zeit, in der wir Christen leiden müssen, wird dagegen nicht nach Tagen, Monaten oder Jahren bestimmt (vgl. Mk 13,32; Mt 24,36; Apg 1,7). Gott weiß genau, wie viel Er uns zumuten kann. Aber Er offenbart uns im Allgemeinen nicht, wie lange der Einzelne jeweils leiden muss.

Assyrien, römischer Kaiser und Antichrist oder Menschen?

In Verbindung mit der Drangsalsperiode Israels, die wir an verschiedenen Stellen des Alten und Neuen Testaments finden, wird ein großer Feind Israels genannt: Assyrien (vgl. Jes 10,5-19; 28,14.15; 29,1-8; 52,4). Er kämpft gegen das Volk Israel und wird Jerusalem zum Teil zertreten, zum Teil belagern. In Verbindung mit der christlichen Zeit gibt es jedoch keine einzige Erwähnung dieses Königs und Volkes. Hier ist von einzelnen, bestimmten Nationen keine Rede.

15 Die „große Drangsal" wird besonders in Jeremia 30,7 und in Matthäus 24 behandelt. Auch die Nationen werden nach Offenbarung 7,14 durch die „große Drangsal" gehen müssen. Für sie wird das Gericht einen allgemeineren Charakter tragen, wie die in dem Buch der Offenbarung geschilderten Gerichte zeigen. Aber offenbar wird auch ihr Gericht so schwerwiegend sein, dass der Geist Gottes für beide „Zielgruppen" denselben Ausdruck benutzt.

Gott oder Satan?

Die beiden Trübsale unterscheiden sich noch in anderer Hinsicht. Die Trübsal der Gläubigen heute wird, wie schon gezeigt, durch Satan hervorgerufen (vgl. 1. Pet 5,8) und oft durch Ungläubige bewirkt (vgl. 2. Thes 1,6). Es handelt sich zwar um die Regierung Gottes, das heißt darum, dass Gott über allem steht und alles dazu benutzt, was der Teufel und Ungläubige im eigenen Interesse tun, damit seine Ziele erfüllt werden. Aber es sind Satan und seine Diener sowie Ungläubige, die den Gläubigen übelwollen. Die künftige „Stunde der Versuchung" und auch die „große Drangsal" [16] hingegen kommen direkt vom Himmel, von Gott und dem Herrn Jesus (vgl. Off 4–18). Das heißt nicht, dass sich nicht auch Menschen wie der Assyrer, der römische Kaiser und der Antichrist gegen die gläubigen Juden stellen. Aber Gott hat dieses Gericht als sein Gericht ausdrücklich angekündigt (Jes 40,2; Jer 16,18). Es ist die Folge der Sünden des Volkes Israel und der gottlosen Welt.

---

16 Es ist wichtig zu verstehen, dass die „große Drangsal" bzw. die „Drangsal Jakobs" nicht deckungsgleich ist mit der „Stunde der Versuchung". Die Stunde der Versuchung ist ein allgemeinerer, mehr umfassender Begriff als die große Drangsal. Sie umfasst alle sieben Gerichtsjahre, die Gott über diese Erde bringen wird, während die große Drangsal, wie wir gesehen haben, nur Juda betrifft und genau dreieinhalb Jahre umfasst.

Unglaube oder Treue?

Die Trübsale des Christen heute sind eine Konsequenz seiner Treue und Hingabe, seines entschiedenen Glaubenslebens. Die Stunde der Versuchung dagegen kommt über Menschen, weil sie Gott abgelehnt haben und Christus als Retter verwerfen.

Sie ist zugleich eine Folge der Untreue des Volkes Israel in alttestamentlicher Zeit und im Blick auf die Verwerfung ihres eigenen Messias' (Jes 40,2; Jer 2,13; 16,18; 17,18). Gott wird diese Drangsale allerdings dazu benutzen, Juden zum Glauben zu führen und zu läutern, um in Treue auf ihren Messias zu warten. Sie werden durch diesen Glauben sogar bereit sein, ihr Leben in diesen Gerichtsprüfungen zu lassen. Denn diese treuen Juden wollen sich dann nicht mehr von Gott lossagen.

Ruhe heute oder Ruhe morgen?

Diejenigen, die heute Trübsale erleiden, werden später Ruhe haben, wenn die Stunde der Versuchung über die Erde kommen wird (2. Thes 1,5-10). Im Gegensatz dazu stehen solche, die heute gläubige Menschen verfolgen und selbst eine vergleichsweise ruhige Lebenssituation genießen. Sie werden dann, wenn sie nach der Entrückung noch leben, in diese Stunde der Versuchung kommen. Es wird für sie eine furchtbare Zeit werden: Sie werden dem Zorn Gottes ausgesetzt werden.

Zusammenfassung

Auch Christen kennen in ihrem Leben Drangsale. Sie müssen leiden, weil sie mit und für ihren himmlischen Herrn leben, wofür viele ungläubige Menschen kein Verständnis haben. In vielen Ländern dieser Welt werden Christen um ihres Glaubens willen sogar regelrecht verfolgt. Das aber fasst Gott in seinem Wort nicht unter den Begriff der „großen Drangsal" oder der „Drangsal Jakobs"zusammen. Diese besondere Drangsal wird Gott über die Juden bringen, weil sie ihren eigenen Messias ermordet haben. Diese große Drangsal aber bringt der Herr an keiner Stelle mit uns Christen in Verbindung.

Kommen der Zorn Gottes und die Drangsalszeit über Christen?

Im ersten Thessalonicherbrief spricht Paulus mehrfach vom Zorn, der über ungläubige Juden und Nationen kommen wird. Wir müssen uns somit fragen: Ist dieser Zorn, von dem wir eben schon gesprochen haben, mit der Drangsalszeit gleichzusetzen? Kommt der Zorn Gottes (auch) über Christen?

Zorn über Juden (1. Thes 2)

In 1. Thessalonicher 2,16 schreibt der Apostel Paulus, dass die Juden damals nicht nur den Herrn Jesus und die Propheten getötet haben, sondern allen Menschen entgegen sind, „indem sie uns wehren, zu den Nationen zu reden, damit sie errettet werden, um so ihre Sünden allezeit voll zu machen; aber der Zorn ist völlig über sie gekommen."

Wenn man die verschiedenen Stellen in diesem Brief miteinander vergleicht, wird man feststellen: Das ist das Zornesgericht, das Gott durch den Herrn Jesus als Gericht über Ungläubige bringen wird. Nach 1. Thessalonicher 2,16 ist dieser Zorn die Strafe dafür, dass die Juden Christus sowie seine Propheten und Diener abgelehnt und getötet haben.

Nun mag man einwenden, dass der Apostel schon in der Vergangenheitsform spricht: „Aber der Zorn ist völlig über sie gekommen." Tatsächlich hat Gott diesen Zorn schon längst über sein Volk ausgesprochen, wie die vielen Bibelstellen zeigen, die im Alten Testament von dem Gericht Gottes über das Volk der Juden in Verbindung mit dem Tag des Herrn sprechen. Aber ausgeführt worden ist dieses Gericht nur teilweise. Sicherlich ist beispielsweise die Zerstörung Jerusalems im Jahr 70 nach Christus bereits eine Offenbarung dieses Gerichtsurteils gewesen. Aber vollständig ausgeführt wird dieser Zorn, der über den Juden ist, erst in der großen Drangsal.

Christen sind nicht zum Zorn gesetzt

In 1. Thessalonicher 5,9 lesen wir dann, dass die Erlösten der heutigen Zeit gerade „*nicht* zum Zorn gesetzt" sind. Sie werden stattdessen vor diesem Gericht Gottes *gerettet* werden, das Er über diese Erde bringen wird.

Wie ist das zu verstehen? Die leidenden Christen in Thessalonich dachten vielleicht, dass Gottes Zorn schon angebrochen sei, denn sie mussten harte

Verfolgungen und Bedrückungen erleiden. Aber die Zeit des Zorngerichts Gottes war noch nicht da. Dieser Zorn wird einmal über die Ungläubigen kommen. Die Erlösten heute aber sind „nicht zum Zorn gesetzt“. Sie müssen diese Drangsal Jakobs nicht erdulden.

Christen werden von dem kommenden Zorn errettet

Schon ganz am Anfang des Thessalonicherbriefs besteht der Apostel darauf, dass die Christen durch ihre Bekehrung von dem kommenden Zorn errettet werden (1. Thes 1,10). Die Thessalonicher, an die Paulus schrieb, hatten sich von den Götzenbildern zu Gott bekehrt, um dem lebendigen Gott zu dienen und seinen Sohn aus den Himmeln zu erwarten, den Gott aus den Toten auferweckt hat – „Jesus, der uns errettet von dem kommenden Zorn“. Dieser Zorn kann sich nicht auf die Hölle, den ewigen Zorn Gottes beziehen, denn hier steht nicht, dass Jesus uns vor dem kommenden Zorn „errettet *hat*“ (Vergangenheit), sondern dass Er uns *errettet* (Gegenwart). Vor der Hölle und der ewigen Ferne Gottes sind wir durch das Erlösungswerk längst errettet worden (Vergangenheit). Diese Errettung erfahren wir bei unserer Bekehrung (für den Erlösten ebenfalls Vergangenheit). Das also kann Paulus an dieser Stelle nicht meinen.

Nein, wir sind nicht nur vor der Hölle gerettet worden, so gewaltig das ist, sondern wir werden auch vor der Drangsalszeit gerettet. Das verdanken wir dem verherrlichten Herrn, der heute für uns im Himmel tätig ist. Er wird dafür sorgen, dass wir den Zorn, den Er in der Drangsalszeit über diese Erde bringen wird, nicht erleben müssen. Er wird uns zuvor entrücken – Ihm sei ewig Dank dafür.

Zorn Gottes

Nicht nur hier bezieht der Geist Gottes den Begriff „Zorn Gottes" auf die Gerichtszeit *vor Beginn* des 1.000-jährigen Friedensreiches. Stellen wie Offenbarung 6,16.17; 11,18; 14,10; 16,19; 19,15 und Römer 1,18 machen deutlich, dass sich dieser Ausdruck gerade in prophetischen Schriften (vgl. z. B. auch Jes 10,4.5.25; 13,3.9.13; Jer 7,20; 23,20; Klgl 2,22 usw.) auf die Gerichtsperioden bezieht, die Gott über diese Erde bringen wird.

Kein Geringerer als der Herr Jesus selbst sprach von der Drangsalszeit. Er hat das unter anderem in seiner großen Ölbergrede (Mt 24) getan. Bevor wir uns diese Rede und ihre unterschiedliche Akzentuierung in den drei Evangelien nach Matthäus, Markus und Lukas lesen, nenne ich noch die Bibelstellen, in denen wir einen direkten Hinweis auf die Drangsalszeit finden.

Bibelstellen, in denen die Drangsalszeit vorkommt

Es gibt mindestens acht Bibelabschnitte in Gottes Wort, in denen die Drangsalszeit behandelt wird:

1. „Als er aber auf dem Ölberg saß, traten die Jünger für sich allein zu ihm und sagten: Sage uns, wann wird das sein, und was ist das Zeichen *deiner* Ankunft und der Vollendung des Zeitalters? Und Jesus antwortete und sprach zu ihnen: Gebt acht, dass euch niemand verführe! Denn viele werden unter meinem Namen kommen und sagen: ‚Ich bin der Christus!', und sie werden viele verführen. Ihr werdet aber von Kriegen und Kriegsgerüchten hören. ... Dies alles aber ist der Anfang der Wehen. Dann werden sie euch der *Drangsal* überliefern und euch töten ... Wer aber ausharrt bis ans Ende, der wird errettet werden. ... Wenn ihr nun den Gräuel der Verwüstung, von dem durch Daniel, den Propheten, geredet ist, stehen seht an heiligem Ort ...: denn dann wird *große Drangsal* sein, wie sie seit Anfang der Welt bis jetzt nicht gewesen ist und auch *nicht* wieder sein wird ..." (Mt 24,3-29).

2. „… Ihr aber, gebt acht auf euch selbst: Sie werden euch an Synedrien und an Synagogen überliefern; ihr werdet geschlagen und vor Statthalter und Könige gestellt werden um meinetwillen, ihnen zum Zeugnis …; denn jene Tage werden eine *Drangsal* sein, wie sie seit Anfang der Schöpfung, die Gott schuf, bis jetzt nicht gewesen ist und *nicht* wieder sein wird. …“ (Mk 13,4-27).

3. „Weil du das Wort meines Ausharrens bewahrt hast, werde auch *ich* dich bewahren vor der *Stunde der Versuchung*, die über den ganzen Erdkreis kommen wird, um die zu versuchen, die auf der Erde wohnen“ (Off 3,10).[17]

4. „Und er sprach zu mir: Dies sind die, die aus der *großen Drangsal* kommen …“ (Off 7,14-17).

5. „In deiner *Bedrängnis*, und wenn alle diese Dinge dich treffen werden am Ende der Tage, wirst du umkehren zu dem HERRN, deinem Gott …“ (5. Mo 4,30.31).

---

17 An dieser Stelle wiederhole ich noch einmal die frühere Bemerkung, dass der Begriff „Stunde der Versuchung“ allgemeiner und umfassender ist als der Ausdruck „große Drangsal“, die nur Juda betrifft und nur dreieinhalb Jahre dauern wird.

6. „Du Hoffnung Israels, sein Retter in der Zeit der *Bedrängnis* …“ (Jer 14,8).[18]

7. „… Denn so spricht der HERR: Eine Stimme des Schreckens haben wir gehört; da ist Furcht und kein Frieden. … Wehe, denn groß ist jener Tag, ohnegleichen, und es ist eine *Zeit der Drangsal für Jakob*! Doch er wird aus ihr gerettet werden“ (Jer 30,4-7).

8. „Und in jener Zeit wird Michael aufstehen, der große Fürst, der für die Kinder deines Volkes steht; und es wird eine *Zeit der Drangsal* sein, wie sie nicht gewesen ist, seitdem eine Nation besteht bis zu jener Zeit. Und in jener Zeit wird dein Volk errettet werden, jeder, der im Buch geschrieben gefunden wird“ (Dan 12,1).

Es fällt auf, dass keine dieser Bibelstellen von erlösten Christen spricht. Auch die Versammlung wird an keiner der neutestamentlichen Stellen in die Drangsale einbezogen. Es ist jeweils deutlich, dass es nicht um himmlische Gläubige, also um Christen, geht.

---

18 Die beiden Stellen in 5. Mose 4 und Jeremia 14 haben sicher, wie oft Aussagen in den Prophetenbüchern des Alten Testaments, zunächst einmal Bezug zu konkreten historischen Ereignissen, die aus heutiger Perspektive schon in der Vergangenheit liegen. Allerdings finden wir vielfach eine Art Vorerfüllung in alttestamentlicher Zeit, wobei es zu einer endgültigen Erfüllung erst in der Zukunft kommen wird. Das ist in diesem Fall in der Drangsalszeit.

Matthäus 24–25

Der Herr Jesus selbst hilft uns besonders durch das, was Er während seines Lebens auf der Erde gesagt hat. Sehr wichtige Hinweise finden wir beispielsweise in Matthäus 24 und 25[19] in einer seiner ausführlichen Reden. Man hat diese Rede die Ölberg- oder auch Endzeitrede genannt, weil Jesus diese Worte auf dem Ölberg gesprochen hat (Mt 24,3). Dort schildert Er seinen Jüngern die gesamte Zeit der Gläubigen auf der Erde, angefangen von der Himmelfahrt Christi bis zum 1.000-jährigen Friedensreich. Diese Rede teilt sich in drei Abschnitte:

1. Im ersten Teil (Mt 24,1-44) zeigt der Herr Jesus, was für furchtbare Drangsale der gläubige jüdische Überrest erleben muss. Dieser Überrest bzw. diese Übriggebliebenen sind Juden, die durch das Lesen des Gesetzes und eine von Gott bewirkte Erweckung dazu kommen, zu erkennen, dass Jesus Christus wirklich der im Alten Testament angekündigte Messias ist.

19 Eine detaillierte Kommentierung dieser zwei Kapitel würde den Rahmen an dieser Stelle sprengen. Weil es aber wichtig ist, dass der Leser nachvollziehen kann, wie es zu dieser Gliederung in drei Abschnitte kommt, erläutere ich die Aufteilung im Anhang 1. Es gibt zudem eine Reihe von empfehlenswerten Bibelauslegungen über das Matthäusevangelium. Einige sind beim Herausgeber dieses Buches erhältlich. Andere finden sich auf www.bibelkommentare.de.

2. Im zweiten Teil (Mt 24,45–25,30) dieser Rede spricht der Herr über die christliche Zeit. Er ermahnt uns, auf sein Wiederkommen zu warten.

3. Im dritten Teil (Mt 25,31-46) weist der Herr darauf hin, dass auch die Nationen[20] in der Zeit der Trübsale leben und eine Rolle spielen werden. Ihr Eingehen in das Friedensreich hängt davon ab, wie sie die von dieser Trübsal besonders betroffenen Juden behandelt haben (V. 35.36.42.43). Dort wird die Trübsal nicht noch einmal namentlich erwähnt, weil der Herr sie bereits in Kapitel 24 genannt und behandelt hat. Die Nationen müssen sich in dieser Zeit *für* oder *gegen* den Messias und sein Volk entscheiden, den gläubigen Überrest aus Juda.

In den drei Gleichnissen ab Matthäus 24,45 wendet sich der Herr Jesus nicht direkt an die Jünger. Der Inhalt der beiden ersten Gleichnisse und die Tatsache, dass das dritte ein Gleichnis des Königreichs der Himmel ist, zeigen, dass es weder um Israel noch um die Nationen geht. Auch die unterschiedliche Art der Belehrung (Gleichnisse) im Vergleich

20 In der Elberfelder Übersetzung (CSV Hückeswagen) wird der griechische Ausdruck „ethnos“ (Mehrzahl: „ethne“) mit Nation(en) übersetzt. Andere Bibelübersetzungen verwenden den Begriff „Heidenvölker“. Manchmal benutzen die neutestamentlichen Schreiber für diese Nationen auch die Bezeichnung „Griechen“.

zu dem „prophetisch-historischen“ Text in Kapitel 24,1-44 unterstreicht, dass es hier nicht um dieselbe Zielgruppe wie in den beiden anderen großen Teilen geht. Unser geistliches Unterscheidungsvermögen ist gefordert. Man erkennt dann recht leicht, dass es hier um den christlichen Bereich gehen muss; allerdings wird es nicht ausdrücklich gesagt.

Anders verhält es sich im ersten großen Abschnitt. Dort finden wir viele direkte Hinweise auf den jüdischen Bereich. Nach Kapitel 24,15 spricht Er seine Jünger direkt an, die Juden und somit Israeliten waren: „Wenn ihr nun den Gräuel der Verwüstung, von dem durch Daniel, den Propheten geredet ist, stehen seht …“ (V. 15). „Siehe, ich habe es euch vorhergesagt. Wenn sie nun zu euch sagen: …, so geht nicht hinaus. …“ (V. 25.26). Es geht um seine Jünger und solche, die wie sie Juden sind.[21]

Auch im dritten Abschnitt finden wir direkte Hinweise, von wem der Herr hier spricht. Dort spricht Christus in Kapitel 25,31-46 ausdrücklich von „allen Nationen“ (V. 32).

---

21 Auch in Johannes 16,33, ein Vers, den wir auf unsere heutige Zeit beziehen, wendet sich der Herr Jesus an seine Jünger. Aber dort spricht Er nicht von prophetischen Ereignissen, wie wir sie in Matthäus 24 finden. Er wendet sich an diejenigen, die nach seinem Tod „in der Welt“ sein würden, während Er selbst zum Vater aufgefahren wäre. Das ist die heutige Zeit.

Markus 13

Interessanterweise wird auch in Markus 13, dem Parallelbericht zu Matthäus 24,1-44, deutlich, dass es bei dieser Drangsalszeit um Israel, um Juden, geht. Markus hatte von Gott den Auftrag erhalten, diese prophetische Rede kürzer und allgemeiner aufzuschreiben als Matthäus. Sie ist in ihren Grundsätzen für Diener aller Zeiten gültig (vgl. z. B. die V. 9-12 und 33-37). Dennoch enthält auch dieser kürzere Bericht eindeutig jüdische Elemente, wenn der Herr dort von den Drangsalen spricht, die durch den aufgestellten Gräuel der Verwüstung entstehen. Es ist nämlich ausdrücklich von denen die Rede, „die in Judäa sind" (V. 14-16). Und von diesen Juden würde kein Fleisch errettet werden, wenn diese Zeit nicht verkürzt würde. Das kann sich nicht auf Christen beziehen. Denn wir haben zu Judäa keine besondere Beziehung. Wir finden diesen Landstrich in den neutestamentlichen Briefen zwar viermal erwähnt. An jeder Stelle macht der Apostel Paulus jedoch deutlich, dass er sich im Gegensatz zu Markus 13 nicht an Juden, sondern an Christen wendet (Röm 15,31; 2. Kor 1,16; Gal 1,22; 1. Thes 2,14). Das wird allein schon daraus deutlich, dass der Großteil der Christen heute (und auch in naher Zukunft) nicht in Judäa, sondern in der westlichen Welt lebt.

Wie im Matthäusevangelium spricht der Herr in Markus 13 von „diesem Geschlecht" (V. 30). Das sind ungläubige Juden, die es zu jeder Zeit gab und die es auch in der künftigen Drangsalszeit wieder geben wird. Zudem zeigt Er: „Wer aber ausharrt bis ans Ende, der wird errettet werden" (V. 13). Mit Bezug auf die heutige Zeit dagegen heißt es: „Glaube an den Herrn Jesus, und du wirst errettet werden, du und dein Haus" (Apg 16,31).

In Blick auf ein Kind Gottes wird nie infrage gestellt, dass es das Ende auch erreichen wird. Ihm wird mit der Bekehrung, die sich allein auf das Werk des Herrn Jesus und nicht auf eigenes Tun stützt, versichert, dass es errettet ist. Wir haben heute schon „die Errettung der Seele" (1. Pet 1,9) und dürfen *wissen,* dass wir ewiges Leben *besitzen* (1. Joh 5,13). In Markus 13 hingegen handelt es sich in *diesem* Punkt (Ausharren bis ans Ende) erneut ausnahmslos um jüdische Jünger. Sie werden von oben gerettet werden, wenn Christus in Wolken mit großer Macht und Herrlichkeit erscheinen wird (Mk 13,26). Von einer persönlichen Auferstehung und einer Entrückung – wie wir sie im Blick auf Christen im Neuen Testament finden – ist hier keine Rede.

Lukas 21

Anders verhält es sich mit dem Parallelbericht in Lukas 21,5-36. Bis Vers 24[22] weist der Herr uns auf für uns vergangene Ereignisse hin. Sie sind in Verbindung mit der Zerstörung Jerusalems erfüllt worden. Hier ist davon die Rede, dass die Nationen Jerusalem zertreten und zerstören werden. Die Juden werden, sagt der Herr, nach seinem Tod in Gefangenschaft unter alle Nationen weggeführt werden. Das ist der Zustand, der damals seinen Anfang nahm und bis heute anhält. Diese Verse 20-24 gibt es weder im Matthäus- noch im Markusevangelium. Bei Lukas findet sich auch kein Hinweis auf den Gräuel der Verwüstung, den der falsche König, der Antichrist nach 2. Thessalonicher 2 und Offenbarung 13, in künftigen Tagen in den Tempel

22 Möglicherweise stellen die Verse 8-11 eine Art Zusammenfassung der Ereignisse dar, die aus heutiger Sicht in der Vergangenheit und noch in der Zukunft liegen. Das sind die Geschehnisse, die zur Zerstörung des Tempels beitrugen; das ist die Vergangenheit. Und es sind die noch zukünftigen Begebenheiten, die in der kommenden Drangsalszeit stattfinden werden.

stellen wird.[23] Erst ab Vers 25 wird sehr kurz auf die künftige Endzeit Bezug genommen.

Der Herr spricht ab Vers 24 (Ende) von den „Zeiten der Nationen". Diese haben mit der Regierung Nebukadnezars begonnen (Dan 2) und werden ihr Ende finden durch das Wiederkommen des Herrn, wenn Er in Macht kommt, um seine Herrschaft in seinem Reich anzutreten. Gott regierte diese Welt bis zur Herrschaft Nebukadnezars durch sein irdisches Volk, das Volk Israel. In Israel hatte Gott seinen Thron (vgl. Hes 43,7). Bis zu diesem Zeitpunkt war Gott „der Herr der ganzen Erde" (Jos 3,11). In der Zeit des Königtums werden die Jahreszahlen der Bibel nach den Königen Israels und Judas gerechnet. Das aber änderte sich mit Nebukadnezar. Ab dieser Zeit wird nach den heidnischen Königen der Nationen

---

23 Manche behaupten, Lukas 21 würde dasselbe bedeuten wie Matthäus 24 und Markus 13. *Alle* drei Stellen würden sich auf die Vergangenheit, die Zerstörung Jerusalems im Jahr 70 beziehen. Das aber ist nicht möglich. Denn die Eile, zu der die Juden nach Matthäus 24,16-20 angewiesen werden, um aus Jerusalem bzw. Judäa zu fliehen, steht nicht mit den historischen Ereignissen um die Zerstörung Jerusalems im Einklang. Dort gab es in der Zeit des großen jüdischen Krieges zwischen den Juden und Römern (ab dem Jahr 66) nämlich den Wechsel des Statthalters. Gaius Cestius Gallus gab den Staffelstab an Gaius Licinius Mucianus weiter. Dadurch gab es ausreichend Zeit zu fliehen. Dennoch war natürlich auch dieses Weggehen eine Flucht, in der niemand trödeln konnte (vgl. V. 21.23). Das alles zeigt deutlich: Matthäus spricht offensichtlich wie Markus von einer auch für uns noch zukünftigen Zeit. Nur Lukas bezieht sich auf eine Zeit, die für ihn zwar Zukunft war, für uns aber bereits Vergangenheit ist.

gerechnet (vgl. 2. Kön 24,12; 25,2.8; Dan 1,21; 2,1; 7,1; 9,1; 10,1; 11,1). Es sind die Zeiten der Nationen. Wenn Christus auf die Erde wiederkommen und seine Herrschaft antreten wird, gibt es keinen Platz mehr für Regenten der Nationen.

Es ist also nicht verwunderlich, dass Lukas nicht von der großen Drangsal spricht, denn diese steht bei seinem Bericht nicht im Fokus, sondern die Nationen. Dieser Evangelist hat sein Evangelium in erster Linie für Nicht-Juden geschrieben. Daher spricht er von „Verwüstung“ und von „Tagen der Rache“ (nicht *dem* Tag der Rache in der Einzahl).

Die besondere Drangsal der Endzeit erwähnt Lukas nicht. Das ist nicht sein Thema, weil er sich auf die Zeit der Nationen konzentriert. Diese Zeit der Nationen hat allerdings ebenfalls mit den Juden zu tun, weil es Gottes Gericht über die Juden ist, dass Er die Regierung auf der Erde nicht mehr seinem Volk Israel (Juda), sondern Nationen übergeben hat. Daher spricht der Herr hier auch von dem „Zorn über dieses Volk“ (V. 23).

Das überrascht uns ebenfalls nicht, denn sein Evangelium ist eine Einführung in die Apostelgeschichte und damit auch in die neutestamentlichen Briefe. In diesen Briefen geht es um die christliche Zeit, nicht um die Drangsal Jakobs.

Ein Zwischenfazit

Die Stellen, die von der „großen Drangsal" oder von der „Drangsal Jakobs" sprechen, haben mit Juda und Israel zu tun. Betroffen ist das Volk, aus dem der Herr Jesus geboren wurde. Das ist Israel, das ist Juda. Und betroffen sind solche, die das Evangelium der Gnade bewusst abgelehnt haben bzw. nach der christlichen Zeit das Evangelium des Königreichs Gottes gepredigt bekommen. Das ist das Evangelium, das bereits Johannes der Täufer und auch der Herr Jesus damals verkündigt hat. Es wird wieder gepredigt werden, wenn die bekehrten Christen in den Himmel entrückt sein werden. In diesem Evangelium wird den Menschen gesagt, dass sie Gott und seinen Messias als König annehmen und sich Ihm unterwerfen sollen (Off 14,6.7; Ps 96). Hier geht es aber nicht um die christliche Zeit.

Die Nationen und die Drangsalszeit

Das Buch der Offenbarung ist das neutestamentliche Buch, in dem die Gerichte Gottes über die Menschen am ausführlichsten beschrieben werden. Es stellt sich die Frage: Über wen konkret kommen diese Gerichte? Und wer sind diejenigen, die inmitten dieser Gerichte durch Gottes Gnade bewahrt bleiben? Dazu sehen wir uns einige prägnante Stellen an, die bei der Frage, ob Christen durch die Drangsalszeit hindurchgehen müssen, von besonderer Wichtigkeit sind.

Kurze Gliederung der Offenbarung

Zuvor ist es allerdings nützlich, einen Überblick über dieses Bibelbuch zu haben. In Offenbarung 1,3 lesen wir: „Glückselig, der da liest und die da hören die Worte der Weissagung und bewahren, was in ihr geschrieben ist; denn die Zeit ist nahe.“ Dieser einleitende Vers zeigt, dass das ganze Buch Weissagung – ein anderes Wort für Prophetie – zum Inhalt hat. Wir können das Buch in drei Teile gliedern:

1. In Kapitel 1 sieht der Apostel Johannes den Herrn Jesus als Sohn des Menschen in richterlicher Gestalt.

2. In den Kapiteln 2 und 3 finden wir sieben Briefe, die der Herr Jesus an sieben örtliche Versammlungen in Kleinasien (heutige Türkei) gesendet hat.

3. In den Kapiteln 4–22,5 werden uns dann drei Serien von je sieben Gerichtsschlägen beschrieben (Siegel-, Trompeten- und Schalen-

gerichte). Diese Gerichte werden eingeleitet durch zwei erhabene Szenen im Himmel (Kapitel 4 und 5). Teilweise unterbricht der Geist Gottes die Beschreibung einzelner Gerichte. In diesen Einschüben zeigt Gott, dass Er Gläubige in souveräner Gnade bewahrt. An anderen Stellen werden einzelne Akteure der verschiedenen Gerichte ausführlicher beschrieben.

Diese Gliederung in drei Teile (vor einem Ausklang) gibt der Herr selbst in Kapitel 1,19 vor: „Schreibe nun das, was du gesehen hast [1.] und was ist [2.] und was nach diesem geschehen wird [3.].“ Kapitel 1 zeigt somit die Vision des Sehers Johannes: was er gesehen hat. Die Kapitel 2 und 3 zeigen, was sich heute in der christlichen Zeit ereignet. Es ist eine Schau über die Entwicklung der Kirche Gottes auf der Erde in der christlichen Zeit. Und die Gerichtskapitel 4–22 offenbaren, was nach diesem geschehen wird. Das ist die nachchristliche Zeit, die für uns noch zukünftig ist.

144.000 Gläubige aus Israel und die große Volksmenge

In diesem zukünftigen Teil lesen wir in Offenbarung 7,1-8 von 144.000 Versiegelten aus ganz Israel. Es sind offenbar auf der Erde lebende Israeliten. Gott wird sie inmitten der furchtbaren Gerichtsserien, die in den Kapiteln 6 und 8–11 beschrieben werden, verschonen. Es geht um die sieben Siegelgerichte und die darauffolgenden sieben Posaunengerichte.

In den folgenden Versen 9-17 spricht Johannes dann von „einer großen Volksmenge, die niemand zählen konnte, aus jeder Nation und aus Stämmen und Völkern und Sprachen“. Diese Gläubigen werden ausdrücklich unterschieden von den in Kapitel 4,4 eingeführten 24 Ältesten (vgl. Off 7,11.13).

Sind die 24 Ältesten die Nationen?

Wer sind diese 24 Ältesten? Sie werden in Offenbarung 4,4 das erste Mal erwähnt, also im dritten Teil der Offenbarung.[24] Um sie richtig zu deuten, müssen wir noch einmal kurz in den zweiten Teil der Offenbarung zurückblenden. Die Kapitel 2 und 3 beinhalten sieben Briefe an sieben Versammlungen. Dabei geht es nicht nur um die damalige Situation an den genannten geografischen Orten, sondern um eine prophetische Sicht der Kirchengeschichte. Diese zwei Kapitel zeigen die Entwicklung der Kirche Gottes auf der Erde. Für diese christliche Zeit, in der wir heute leben, werden sieben aufeinanderfolgende Zeitperioden bzw. geistliche Zustände der

24 Die (24) Ältesten werden in der Offenbarung zwölfmal genannt: Kapitel 4,4.10; 5,5.6.8.11.14; 7,11.13; 11,16; 14,3; 19,4.

Versammlung Gottes auf der Erde unterschieden. Der Herr Jesus charakterisiert dadurch die gesamte Kirchengeschichte von der Zeit an, als Gott die Apostel abgerufen hatte, bis zur Entrückung der Gläubigen (1. Thes 4,15-18).[25]

Der Abschluss dieser Zeit, also das Ende der christlichen Zeitperiode, wird angedeutet durch die Aufforderung an Johannes: „Komm hier herauf, und ich werde dir zeigen, was nach diesem geschehen muss" (Off 4,1). „Nach diesem" bezieht sich hier und in Kapitel 1,19 offensichtlich auf die Zeit, nachdem die Versammlung keinen Platz mehr auf der Erde einnimmt. Warum gibt es sie dann hier nicht mehr? Weil die Personen, die Erlösten, nicht mehr auf der Erde sind, sondern in den Himmel entrückt worden sind. Solange die Gläubigen, die nach 1. Korinther 1,2 die Versammlung Gottes bilden, noch auf der Erde leben, gibt es die Versammlung noch. Wenn sie aber von der Erde in den Himmel geholt worden sind, gibt es auch keine Versammlung Gottes mehr auf der Erde.

Nach 1. Korinther 15,23 werden dann alle diejenigen im Himmel sein, „die des Christus sind bei

---

25 Weiter unten gehe ich auf diesen Punkt noch etwas ausführlicher ein.

seiner Ankunft".[26] Das sind die Gläubigen der alt- und neutestamentlichen Zeit, die beim Kommen des Herrn Jesus als Lebende verwandelt oder als Gestorbene auferweckt werden (1. Thes 4,16.17).

Zurück zu den 24 Ältesten: Von der Versammlung (Kirche) Gottes ist in Offenbarung 4–18 keine Rede mehr. Stattdessen sehen wir nun 24 Älteste im Himmel, die reden und handeln. Was kann es nun im Himmel für Gläubige geben, nachdem die Zeit der Versammlung auf der Erde zu Ende gegangen ist? Es sind offenbar die Gläubigen des Alten und Neuen Testaments. Offensichtlich werden sie durch diese 24 Ältesten repräsentiert. Denn es werden außer den 24 Ältesten nur noch Engel und vier lebendige Wesen[27] genannt,

26 Wir haben bereits früher gesehen, dass Gläubige alttestamentlicher Zeit „in Christus" sein können, obwohl sie den Herrn Jesus nie gekannt haben. Gott sieht sie „in Christus". Das heißt, Er rechnet ihnen das Erlösungswerk Jesu am Kreuz zu, auch wenn der Herr Jesus noch nicht gestorben war, als diese Gläubigen lebten. Diese Zurechnung erklärt der Apostel Paulus in Römer 3,25.26. In diesem Sinn sind sie auch „des Christus".

27 Die vier lebendigen Wesen kann man als Symbole der Ausführung der Regierung Gottes verstehen. Es handelt sich um vier Wesen, wie es vier Himmelsrichtungen gibt. Das ist ein Hinweis auf die Vollständigkeit der Regierung Gottes. In Offenbarung 4,6 werden sie als „voller Augen vorn und hinten" beschrieben, was auf ein vollkommenes Urteilsvermögen, vollständige Einsicht hinweist. Der Charakter der Gerichte ist kraftvoll wie ein Löwe, ausdauernd wie ein Kalb, weise wie ein Mensch und plötzlich bzw. schnell wie ein Adler. Diese vier lebendigen Wesen kommen ab Offenbarung 4,6-8; 5,6.8.14 usw. vor.

die sich nach Offenbarung 4–19 in dieser Zeit im Himmel befinden.[28]

Unterscheidungen

Wir sehen somit: Die Gläubigen im Himmel werden unterschieden von den Gläubigen aus Israel (Off 7,1-8) und von denen aus den Nationen (Off 7,9-17). Die beiden letzten Gruppen befinden sich auf der Erde in schwierigen Umständen, wie der Kontext deutlich macht. Sie haben eine vollkommen andere Stellung als die erlösten Christen.

Die Stellung der auf der Erde lebenden Nationen ist grundverschieden von der Stellung der Christen. Vielleicht war das für Johannes ein Stück weit verwirrend, so dass er sie miteinander verwechseln konnte? Jedenfalls erhält er auf seine Frage, wer diese Gruppe sei (Off 7,13), eine besondere Erklärung: „Dies sind die, die aus der großen Drangsal

---

28 Der Geist Gottes bezeichnet die Gläubigen als 24 Älteste. Vermutlich greift Er eine Gruppe von Menschen im Alten Testament als Vorbild auf. In 1. Chronika 24 ist die Rede von 24 Abteilungen der Priester im Heiligtum (1. Chr 24,4). In 1. Chronika 25 ist dann von 24 Chor-Abteilungen die Rede, in 1. Chronika 27 von Abteilungen von je 24.000 Mann, die monatlich den königlichen Dienst verrichteten. Genau das ist der Charakter der verherrlichten Gläubigen im Himmel: Sie sind nach Offenbarung 1,5.6 zu einem Königtum und zu Priestern gemacht worden. Sie werden im Himmel gesehen, während auf der Erde nach Offenbarung 6–18 furchtbare Drangsale stattfinden. Sie dienen als Priester, singen Gott Loblieder und haben königlichen Charakter.

kommen, und sie haben ihre Gewänder gewaschen und haben sie weiß gemacht in dem Blut des Lammes" (Off 7,14).

Bei dieser Volksmenge handelt es sich um Gläubige. Es sind aber keine Christen, sondern solche, die „aus der großen Drangsal kommen". Nach 2. Thessalonicher 2,11 wird Gott denen, die sich in der christlichen Zeit nicht bekehrt haben, obwohl sie das Evangelium hören konnten, einen Geist des Irrwahns senden. Sie haben keine zweite Chance mehr. Daher muss es sich bei der in Offenbarung 7 genannten Volksmenge um Nationen handeln. Wenn Gott diesen Ausdruck verwendet, unterscheidet Er diese Menschen ausdrücklich von Christen, wie wir schon gesehen haben (siehe S. 70 FN). Es sind Menschen, die an das Evangelium des Reiches glauben. Und diese Nationen werden unterschieden von den Gläubigen, die aus Israel kommen (V. 4-8). Sie können kein Symbol für die Versammlung sein, denn die Versammlung ist aus den Nationen *und* aus Israel herausgenommen (vgl. diese Unterscheidung in Eph 2,1-3: euch – ehemals Nationen; wir – ehemals Juden). Diese Gläubigen aus den Juden und aus den Nationen sind als Versammlung zu *einem* Leib getauft worden (1. Kor 12,13). Sie bilden eine unzertrennbare Einheit.

Die Gläubigen nach der Entrückung, die durch die Drangsalszeit hindurchgehen müssen, bleiben dagegen getrennt in Juden und Nationen, wie das auch schon in alttestamentlicher Zeit war. Beide Gruppen werden im Unterschied zur Versammlung nicht zu einem Organismus zusammengefügt. Sie werden dauerhaft voneinander unterschieden.

Aus diesen Überlegungen können wir schließen, dass wir in Offenbarung 7 eine gesonderte Gruppe von Gläubigen vor uns haben, die aus der großen Drangsal herausgerettet wird. Es sind keine gläubigen Christen, die es nach der Entrückung nicht mehr auf der Erde geben wird, sondern andere Gläubige aus den Nationen. Nach Matthäus 24 und Jeremia 30 scheint es so, dass die große Drangsal in besonderem Ausmaß Jerusalem und seine Umgebung treffen wird. Wir haben gesehen, dass die in diesen beiden Kapiteln genannten Hinweise deutlich mit dem Judentum zu tun haben. Aber offenbar wird es nach der Entrückung eine Trübsalszeit geben, die auch alle Nationen erreichen wird, wenn auch nicht in dem Ausmaß wie Israel. Da die im Buch der Offenbarung genannten Gerichte vielfach keinen direkten Bezug zu dem Volk Israel haben, sondern allgemeiner Natur sind, treffen sie auch die Nationen. Diese Leidenszeit wird hier in Offenbarung 7,14 „die" große Drangsal genannt. Vielleicht benutzt der Geist Gottes diesen Ausdruck, der an anderer Stelle jüdischen Bezug hat, weil auch Lukas von Drangsalen berichtet und sie „Bedrängnis der Nationen" nennt (Lk 21,25). Diese Bedrängnis wird nicht in Verbindung gebracht mit den Trübsalen, die wir als Christen heute zu durchleiden haben. Es handelt sich um ganz verschiedene Zeit- und Trübsalsperioden.[29]

Satan aus dem Himmel geworfen (Off 12,7-17)

Es gibt in der Offenbarung noch eine weitere Stelle, die uns zeigt, dass die große Drangsal nicht in der heutigen Zeit stattfindet. In Kapitel 12,9 lesen wir, dass der Teufel, das ist Satan, auf die Erde geworfen wird. Dies löst dann die furchtbarsten Qualen und Verfolgungen auf der Erde aus (V. 12-17).

Aus Epheser 6,11.12 wissen wir, dass Satan und seine Dämonen heute noch im himmlischen Bereich wohnen und tätig sind, um die Erlösten daran zu hindern, ihre himmlischen Segnungen zu genießen. Schon im Buch Hiob (Kapitel 1–2) lesen wir, dass der Teufel mit den Engeln Gottes vor dem

29 Nach Offenbarung 7,15 sind diese Gläubigen aus den Nationen vor dem Thron Gottes und dienen Ihm. Damit ist nicht der Himmel gemeint, denn im Himmel gibt es weder „Tag und Nacht" (V. 15) noch einen Tempel (vgl. Off 21,22 – die Versammlung Gottes gehört ja nach Offenbarung 21,2 zum Himmel). Diese Gläubigen befinden sich auf der Erde, wo sie im 1.000-jährigen Friedensreich nicht mehr hungern und dürsten müssen (V. 16), wie sie das in der Drangsalszeit erleben mussten (vgl. Jes 49,10, wo von Israel in gleicher Weise die Rede ist). Sie stehen in einer direkten Beziehung zu Gott. Das ist der Grund, warum hier vom Thron Gottes die Rede ist, und nicht, weil sie etwa im Himmel wären.

Allmächtigen stehen durfte und mit Ihm im Himmel sprach. Auch in anderen alttestamentlichen Büchern werden wir auf solche Zusammentreffen hingewiesen (2. Chr 18,18; Sach 3,1; 2. Kön 6,17). In diesen „Thronsaal“ Gottes, sozusagen mit einem Regierungssitz vergleichbar, hat der große Widersacher bis heute Zugang. Es ist keine Rede davon, dass Satan in der christlichen Zeit diese himmlischen Örter, den Himmel, verlassen würde.

In der Drangsalszeit aber ist der Teufel auf der Erde ansässig, während er heute im himmlischen Bereich der ersten Schöpfung agiert. Der Wirkungsbereich des Teufels, der ja auch „Gott dieser Welt“ genannt wird (2. Kor 4,4), ist zwar heute die Erde, aber noch darf er sich im Himmel aufhalten und von dort seine bösen Aktivitäten starten. Das wird sich in der Zukunft ändern.

Zusammenfassung

Ein Ausdruck, den das Wort Gottes für die kommende Drangsalszeit benutzt, ist „Zorn Gottes“. Dieser Begriff ist allgemeiner als „Drangsal Jakobs“ oder „große Drangsal“ und umfasst die Drangsal nach der Entrückung, beschränkt sich allerdings nicht auf die Juden. Auch im letzten Bibelbuch, der Offenbarung, unterscheidet Gott die Prüfungen in der christlichen Zeit von der späteren Drangsalszeit.

Welche Verheißung gibt der Herr den Christen in der Offenbarung?

Im Vergleich zu den Juden und zu den Nationen, die durch die große Drangsalszeit hindurchgehen müssen, wird den Gläubigen heute etwas anderes gesagt. Die Ansprache an die Juden und Nationen finden wir, wie gezeigt, beispielsweise in Matthäus 24 und 25. Bei ihnen geht es darum, in dieser furchtbaren Trübsalszeit treu zu sein, sich nicht zu verunreinigen durch Götzendienst, sondern Gott gehorsam zu bleiben.

Was ist die Botschaft an die Christen? In Offenbarung 3,10 lesen wir, dass der Herr Jesus der Versammlung in Philadelphia sagt: „Weil du das Wort meines Ausharrens bewahrt hast, werde auch *ich* dich bewahren vor der Stunde der Versuchung, die über den ganzen Erdkreis kommen wird, um die zu versuchen, die auf der Erde wohnen." Er spricht also zunächst einmal Gläubige an, die damals in der Stadt Philadelphia gewohnt haben.

Der Ausdruck „Stunde der Versuchung" ist sowohl im Deutschen als auch im Griechischen ein anderer als „große Drangsal" oder „Drangsal Jakobs". Nun stellt sich die Frage, ob sich diese Begriffe auf dieselben Ereignisse und auf dieselbe Zeitperiode beziehen. Die Stunde der Versuchung wird nach den Worten des Herrn in Offenbarung 3,10 „über den ganzen Erdkreis kommen".

Der Ausdruck „Versuchung" (gr. *peirasmos*) wird in ganz unterschiedlichem Zusammenhang verwendet. In Lukas 4 beispielsweise steht er für den Versuch Satans, Jesus zum Sündigen zu verführen. In 1. Petrus 1,6 sind damit dagegen äußerliche Erprobungen zum Beispiel durch Verfolgungen gemeint. In 2. Petrus 2,9 macht der Zusammenhang deutlich, dass der Apostel ebenfalls von solchen äußeren Gerichtserprobungen spricht; vor ihnen allerdings werden die gläubigen Christen bewahrt.

Worauf bezieht sich nun dieser Ausdruck in Offenbarung 3,10? Der Herr Jesus spricht von Versuchungen für die Menschen, „die auf der Erde" wohnen. Dieser Hinweis auf Erdbewohner wird im weiteren Verlauf des Buches wiederholt verwendet. Zum Beispiel erwähnt Kapitel 6,4, dass der Friede von der *Erde* weggenommen wird. In Kapitel 6,8 wird der vierte Teil der *Erde* getötet (vgl. auch Off 6,10.13.15; 7,1-3; 8,5.7.13; usw.). Offensichtlich bezieht sich der Herr auf furchtbare Ereignisse auf der Erde. Diese sind Teil künftiger Gerichtsperioden, wozu sicherlich auch die große Drangsal gehören wird. Während sich die „große Drangsal" nicht die gesamte

Prüfungszeit einschließt, die Gott in Zukunft über diese Erde bringen lässt, sondern dreieinhalb Jahre besonders intensiver Gerichte betrifft, ist die Bezeichnung „Stunde der Versuchung" im Buch der Offenbarung offenbar allgemeiner zu verstehen. Denn in Offenbarung 6–19 ist zwar auch von Juda und Israel die Rede, deutlich öfter aber von den Nationen. Sie alle sind Gegenstand dieser Gerichtswellen, die es auf der Erde geben wird.

Diese Gerichtswellen werden somit unter dem Ausdruck „Stunde der Versuchung" (oder Prüfung) gefasst. An welche konkrete Gerichtsprüfung man auch denken mag: Vor diesen Gerichten werden die Gläubigen aus Philadelphia, an die sich der Herr in diesem Brief wendet, bewahrt. Sie werden also nicht nur vor der dreieinhalbjährigen großen Drangsal bewahrt, sondern werden auch beschützt *vor* jedem Gericht, das in dieser zukünftigen Zeit ausgeführt werden wird, also vor der gesamten siebenjährigen Periode der so genannten 70. Jahrwoche Daniels (Dan 9,27).

„Stunde" als Erprobungszeit

An dieser Stelle erscheint es mir sinnvoll, noch ein Wort über den Ausdruck „Stunde" einzufügen. „Stunde" bezieht sich in der Bibel oft auf eine konkrete Stunde von 60 Minuten. Gelegentlich allerdings verwendet der Geist Gottes den Ausdruck auch als einen Hinweis auf eine bestimmte Zeitperiode, deren Umfang uns nicht notwendigerweise konkret genannt wird (vgl. Mk 14,35.41; Lk 12,12; 22,53; Röm 13,11; 1. Joh 2,18; usw.). So ist es auch im Blick auf die „*Stunde* der Versuchung". Aus Daniel 9,27 können wir entnehmen, dass diese Prüfungszeit sieben Jahre umfassen wird – eine Woche an Jahren (vgl. die Ausdrucksweise in 3. Mose 25,8).[30]

Im Blick auf die Erlösten der heutigen Zeit dagegen wird nie von einer „Stunde der Prüfung" oder einer „Stunde der Drangsal" gesprochen. Wir haben gesehen, dass Christen Verfolgungen, einzelnen Drangsalen usw. während der gesamten christlichen Zeitepoche ausgesetzt sind. Diese Prüfungen werden aber nicht als eine „Stunde" oder dergleichen bezeichnet. Christen leben nicht in einer Zeit, die in besonderer Weise durch eine besondere Periode von Drangsalen geprägt ist.

Zuweilen wird im Blick auf uns heute von einer Stunde im allgemeinen Sinn gesprochen. Das aber hat nichts mit Drangsalen zu tun. Beispielsweise wird in 1. Johannes 2,18 deutlich gesagt, dass in der

30 Daniel 12,11.12 deutet an, dass der Herr im Anschluss an sein sichtbares Wiederkommen noch Gerichte ausführen wird, die 75 Tage währen und auch für die gläubigen Juden noch prüfenden Charakter tragen.

heutigen Zeit ein antichristlicher Geist herrscht. Das bedeutet, dass alles infrage gestellt wird, was Gott uns in Christus offenbart hat. Oder in Römer 13,11 wird davon gesprochen, „dass die Stunde schon da ist, dass wir aus dem Schlaf aufwachen sollen". Paulus ermahnt uns, geistlich nicht einzuschlafen, sondern aufzuwachen, damit wir ein Leben für Gott führen. Von einer speziellen Prüfungszeit für uns Christen ist in diesen Versen und in diesen Ausdrücken allerdings keine Rede.

Nur eine Zusicherung für damals? Die prophetische Auslegung von Offenbarung 2.3

Nun stellt sich die Frage: An wen wendet sich der Herr Jesus in diesem Brief an die Versammlung in Philadelphia? Müssen wir Offenbarung 3,10 so verstehen, dass „nur" die wenigen Gläubigen aus Philadelphia, die damals lebten, diese Gerichtszeit nicht erleben werden? Sicherlich nicht! Denn die sieben Briefe in Offenbarung 2 und 3 tragen prophetischen Charakter. Wir haben bereits gesehen, dass durch den dritten Vers des Buches (Off 1,3) auf das gesamte Bibelbuch der Stempel „Weissagung" gesetzt wird. Das heißt: Nicht erst ab Kapitel 4 oder gar ab Kapitel 6 sind prophetische Dinge gemeint. Schon von Anfang an handelt es sich um ein Weissagungsbuch.

Wie muss man vor diesem Hintergrund die Kapitel 2 und 3 des Buches der Offenbarung verstehen? Anscheinend gibt der Geist Gottes uns dort einen Überblick über die gesamte christliche Zeitperiode. Es ist von sieben Versammlungen die Rede. Das zeigt klar, dass es um unsere heutige, christliche Zeit geht. Nur in dieser Zeit ist von Versammlungen die Rede. So etwas gab es nicht in alttestamentlicher Zeit. Und auch für die Zeit des 1000-jährigen Friedensreichs ist weder im Alten noch im Neuen Testament von Versammlungen die Rede.

Interessanterweise wird die Versammlung ab Offenbarung 4 nicht mehr erwähnt. Das lässt darauf schließen, dass dort die Zeit beginnt, die auf die christliche Zeitepoche folgt. Und die sieben Briefe an die sieben verschiedenen Versammlungen beziehen sich auf unsere heutige Zeit.

Der moralische Zustand dieser Versammlungen stellt den geistlichen Zustand der Versammlung auf dieser Erde in jeweils aufeinanderfolgenden Zeitabschnitten vor. Der Herr beginnt mit Ephesus. Es gibt keine andere neutestamentliche Versammlung, um die sich der Apostel Paulus mehr gekümmert hätte als um die in Ephesus. Dieser Versammlung konnte der Apostel Paulus die himmlischen Segnungen in Christus vorstellen. Das ist, was die Stellung des Christen betrifft, das Höchste, was Gott uns in seinem Wort mitgeteilt hat. Laodizea dagegen ist der

Inbegriff einer Versammlung, die kein Interesse an Jesus Christus hat. So ist die Entwicklung von der nachapostolischen Zeit bis zu dem Zeitpunkt, wenn der Herr die Gläubigen entrücken wird.

Die sieben Briefe zeigen die Zeit der Kirche und ihren jeweiligen geistlichen, aufeinanderfolgenden Zustand. Dabei werden gewisse Charakteristika hervorgehoben, welche die entsprechenden Zeitspannen kennzeichnen.

Beispiel: Sardes kann man als Hinweis auf die Nachreformationszeit verstehen. In dieser Zeit gab es große Aktivitäten innerhalb der Kirchen. Es wirkte alles sehr lebendig. Aber der Herr Jesus muss sagen, dass die Kirche selbst innerlich erstorben war. Äußerliche Aktivität ist nicht immer mit innerer Kraft und wahrer Hingabe für den Herrn verbunden.

Es fällt auf, dass in den vier letzten Briefen in Offenbarung 2 und 3 (an Thyatira, Sardes, Philadelphia und Laodizea) jeweils vom Kommen des Herrn die Rede ist (Off 2,25; 3,3.11.20). Das heißt, dass der jeweils beschriebene Zustand offensichtlich bis zum Kommen des Herrn existieren wird, selbst wenn er nicht mehr den Hauptcharakter der jeweiligen Zeit darstellen mag.

Der Brief an die Versammlung in Philadelphia weist auf die Erweckungszeit zu Beginn des 19. Jahrhunderts hin. Es war die Zeit, als viele Menschen aus den offiziellen Kirchen hinausgingen, um sich bewusst im Namen des Herrn Jesus zu versammeln (vgl. Mt 18,18-20). Es war die Zeit hingebungsvollen Lebens von vielen Gläubigen für ihren Herrn und Meister. Das Wort Gottes wurde wieder ernst genommen und der Herr Jesus wurde zum Mittelpunkt des persönlichen und gemeinsamen Glaubenslebens.

Eine Ermutigung für heute

Die Zusicherung in Kapitel 3,10 – „Ich werde dich bewahren vor der Stunde der Versuchung" – bekommt vor diesem Hintergrund einen besonderen Wert für die Gläubigen. Sie leben aus „prophetischer" Sicht kurz vor dem Ende der Zeit der Versammlung auf der Erde, also dem Wiederkommen Jesu. Und ihnen verspricht der Herr Jesus: Ihr werdet vor diesen schrecklichen Gerichten verschont werden, über die ich jetzt in den folgenden Kapiteln vieles zu sagen habe. – Das hat eine ganz besondere Bewandtnis für diejenigen, die kurz vor Beginn dieser Drangsalszeit leben. Denn sie könnten befürchten, dass auch sie diese schreckliche Zeit erleben müssen.

Nun mag man einwenden: Aber der Brief an Philadelphia ist doch nicht der letzte in dieser Reihe und stellt daher nicht die letzte Zeit vor der Entrückung dar. Das ist richtig. Aber wie wir gesehen haben, wird in allen vier letzten Briefen das Kommen des Herrn erwähnt, so dass alle vier Zustände bis zum Kommen des Herrn parallel existieren werden. Das heißt, dass die Zusicherung an die Gläubigen in Philadelphia nicht nur Christen gilt, die im 19. Jahrhundert gelebt haben, sondern bis zur Entrückung Bestand hat.

Die „Philadelphia-Christen" erkennen, dass der Herr den gottlosen Zustand der Christus-losen Christenheit nur mit Gericht beantworten kann. Müssen sie selbst diese Gerichte erdulden? Nein, sagt ihr Retter und Meister. In göttlicher Gnade nimmt Er sie zuvor zu sich und sagt ihnen das sogar zu. Sie sollen wissen, dass sie nicht durch diese furchtbare Gerichtsperiode hindurchgehen müssen.

Der Geist Gottes belehrt sie über das, was nach der Entrückung über diese Erde kommen wird (Off 6–19), auch wenn es sie selbst nicht betrifft. Aber Er sichert den erlösten Christen zu: Ihr werdet davor bewahrt werden. Das Bewusstsein, dass der Herr Jesus die Gläubigen vor der Drangsal bewahren wird, gibt Er allerdings nur denen, die das Wort seines Ausharrens bewahren. Jemanden, der dem Wort ungehorsam ist und in weltförmiger Weise lebt, ermuntert und tröstet der Herr nicht. Wenn für solch einen Christen das Leben in Gottesfurcht fremd ist, dann ermahnt ihn der Herr und ruft ihn zur Umkehr auf. Denjenigen jedoch, die Ihm vertrauen und von Herzen gehorsam sind, verspricht Er diese Barmherzigkeit: Er wird sie, wie Henoch vor der Flut, vor dem Beginn der Gerichte zu sich nehmen.

Heißt das, dass untreue Christen, die an den Herrn Jesus glauben, aber in ihrem Leben nicht durch Hingabe und Gehorsam geprägt sind, nicht bewahrt werden? Doch, auch sie müssen nicht durch die Drangsalszeit gehen. Aber der Herr kann sie nicht ermuntern, weil er sie von ihrer Laschheit wegrufen und daher ermahnen muss, wieder zu Ihm umzukehren.

Bewahren „aus heraus"?

Manche haben das griechische Wort *ek* in Offenbarung 3,10 übersetzen wollen mit: „... werde auch ich dich bewahren *aus* der Stunde der Versuchung *heraus*" oder gar „*in* der Stunde der Versuchung". Solche Übersetzungskonstruktionen aber ergeben keinen Sinn, sondern sind der persönlichen

Auffassung geschuldet, dass man gerne aus dem Bibeltext begründen möchte, dass die Christen nicht vor, sondern während der Trübsal oder am Ende dieser Zeitperiode entrückt werden.

Zunächst einmal geht es um die Gläubigen in Philadelphia, denen dieser Brief geschrieben wurde. Sie leben längst nicht mehr, und in ihrer Zeit gab es keine „Stunde der Versuchung, die über den ganzen Erdkreis" gekommen ist. Sie sind somit *nicht aus* der Gerichtsperiode *heraus*gerettet worden, sondern *vor dieser Zeit bewahrt* geblieben. Das zeigt auf direkte Weise, dass diese „falsche" Übersetzungsvariante abwegig ist. Der Gedanke an dieses Bewahren ist zugleich auch für uns eine schöne Ermunterung, dass wir die Sicherheit haben dürfen, vor der Drangsal entrückt zu werden.

Im Übrigen kann man nicht „aus" etwas bewahrt werden, sondern nur „vor" etwas. Man kann aus etwas *herausgerettet* werden. Man kann natürlich auch „in" einer Situation *bewahrt* werden – dann jedoch müsste hier eine ganz andere Präposition stehen, die der Herr Jesus aber gerade nicht verwendet. Hier kann daher nur gemeint sein, dass die Gläubigen „vor" etwas bewahrt werden. Es dürfte für jeden einleuchtend sein, dass man nicht „vor" etwas bewahrt wird, indem man es ganz oder teilweise miterlebt. Das ist unmöglich und unsinnig.[31]

Es heißt zudem nicht, dass Philadelphia *vor der Versuchung* bewahrt wird. Sie werden vielmehr *vor der Stunde der Versuchung* bewahrt. Sie werden also nicht vor einer einzelnen Versuchung geschützt, sondern vor einer ganz besonderen Gerichtsperiode, die über die Erde kommen wird.

Wie kann man nun „*vor* der Stunde der Versuchung" bewahrt werden? Wir haben gesehen, dass der Versammlung in Philadelphia gerade nicht gesagt wird, dass sie *in dieser Stunde* durch Gottes Macht bewahrt werden, sondern *davor*. Man kann zum Beispiel durch „Tod" davor bewahrt werden. So ging es den Gläubigen damals, die zur Versammlung in Philadelphia gehörten. Sie leben alle nicht mehr, sondern sind heimgegangen. In diesem Sinn

---

31 Die Konstruktion „bewahren vor" kommt im Neuen Testament noch ein weiteres Mal vor: in Johannes 17,15. Dort wird deutlich, dass „bewahren vor" nicht bedeuten kann: „bewahren aus heraus". Dort heißt es: „Ich bitte nicht, dass du sie aus der Welt wegnehmest, sondern dass du sie *bewahrest vor dem Bösen.*" *Im* Bösen gibt es keine Bewahrung und kann es auch keine geben. Aber man kann davor bewahrt werden, von dem Bösen angegriffen zu werden. Darum bittet unser Herr seinen Vater. Ähnlich wird man nach Apostelgeschichte 15,29 nicht dadurch vor den Götzenopfern usw. bewahrt, dass man zwar an ihnen teilnimmt, aber irgendwie bewahrt bleibt. Nein, die Bewahrung besteht darin, dass man sich davon fernhält, sie ganz und gar aufgibt.

sind sie vor dieser Stunde der Versuchung bewahrt worden.

Bewahrung durch Entrückung

Aber offenbar hat der Herr mehr im Sinn als ein solches Bewahren durch Tod. Er denkt an etwas Höheres, viel Gewaltigeres. Spricht der Herr für die Gläubigen der Jetztzeit im Neuen Testament von etwas Besonderem, das sie vor einer künftigen Gerichtszeit bewahren könnte? Und tatsächlich: Genau das ist die Entrückung. Gerade dadurch werden Menschen vor den hereinbrechenden Gerichten geschützt.

Die Entrückung hat den Charakter einer solchen (erlösenden) Bewahrung. Wenn man dadurch, dass man in eine schönere, herrliche Szene gebracht wird, nicht diese Stunde durchleben muss, ist das im höchsten Sinn „Bewahrung".

Die Entrückung dient auch hier dem Trost und der Ermutigung von Gläubigen, die auf die Wiederkunft ihres Retters warten. Wie passend ist es, dann, wie wir schon gesehen haben, in Offenbarung 4,1 zu lesen: „Komm hier herauf!" Und auf einmal sind erlöste, verherrlichte Menschen im Himmel. Wir können auf der Grundlage der neutestamentlichen

Schriften somit sagen: Durch die Entrückung werden diese Gläubigen bewahrt (vgl. 1. Thes 4,15-18).

So passt ein Wort des Herrn in wunderbarer Weise zu dem anderen.

Genau dazu passt auch, dass der Herr Jesus in Offenbarung 3,11 erklärt, wodurch Er die Gläubigen in Philadelphia vor der Stunde der Versuchung bewahren wird. Er sagt ihnen nämlich: „Ich komme bald" (Off 3,11). Das ist nichts anderes als seine Zusicherung, zu ihrer Entrückung zu kommen. So stärkt Er den Glauben und die Hoffnung der Erlösten, denen Er sagen kann, dass sie nicht in die Drangsalszeit kommen werden. Sie brauchen keine Angst vor der Drangsal zu haben, denn Er kommt bald, um sie zu sich zu holen. Solange Er noch nicht zurückgekommen ist, sollen sie treu sein und festhalten, was Er ihnen in seiner Gnade anvertraut hat. Bald ist der Augenblick gekommen, wo Er sie zu sich in das Haus seines Vaters holen wird.[32]

32 Anhang 2 zeigt eine Reihe von Argumenten, die für eine Entrückung vor der Drangsalszeit sprechen.

Zusammenfassung

In Offenbarung 3 lesen wir von einem Brief, den der Herr Jesus an die Versammlung in Philadelphia geschrieben hat. Dieser Brief macht unmissverständlich klar, dass Kinder Gottes vor der „Stunde der Versuchung, die über den ganzen Erdkreis kommen wird" bewahrt bleiben. Man kann nicht vor einer solchen Zeit bewahrt werden, wenn man in sie hineinkommt. Nein, der Herr Jesus wird uns vor dieser siebenjährigen Prüfungszeit in den Himmel entrücken. Anders kann man den Vers in Offenbarung 3,10 sowohl sprachlich als auch inhaltlich nicht in Übereinstimmung mit dem Kontext und der Lehre der Schrift erklären.

Was haben Christen mit dem Tag des Herrn zu tun?

Wir haben uns bereits mit der Erscheinung des Herrn beschäftigt und gesehen, dass sie der Ausgangspunkt des Tages des Herrn ist. Im Alten Testament ist vielfach vom „Tag Jahwes“ (des HERRN) die Rede. Dieser Tag ist verbunden mit furchtbaren Gerichten. Die Drangsal Jakobs, diese große Drangsal, wird in Jeremia 30,7 unmittelbar mit diesem Tag verbunden: „Wehe, denn groß ist jener Tag, ohnegleichen, und es ist eine Zeit der Drangsal für Jakob! Doch er wird aus ihr gerettet werden. Denn es wird geschehen an jenem Tag, spricht der HERR der Heerscharen …“ (Jer 30,7.8).

Der Tag Jahwes ist von der Drangsal Jakobs, die uns bereits ausführlich beschäftigt hat, nicht zu trennen. In Amos 5,18; Jesaja 2,12; Jeremia 46,10; Hesekiel 13,5; 30,3 und an vielen anderen Stellen ist von diesem furchtbaren Tag die Rede (vgl. auch Joel 3,4; Apg 2,20). Die Drangsalszeit wird die Vorbereitung bzw. der Startpunkt dieses Tages des Herrn sein. Manchmal hat man den Eindruck, dass Gottes Wort diese Drangsalszeit mit einbezieht in den Tag Jahwes (Amos 5,18.20; Joel 2,1.2), manchmal beginnt dieser Tag erst mit dem Erscheinen des Herrn, also nachdem die großen Gerichtsereignisse bereits geschehen sind (Apg 2,20; Joel 3,4).

Den Thessalonichern wird nun ausdrücklich gesagt, dass sie keine Angst haben sollten, dass „der Tag des Herrn da wäre" (2. Thes 2,2). Sie würden an diesem Tag nämlich verherrlicht sein (Kol 3,4; 2. Thes 1,10; 1. Joh 3,2), wenn Gott das Gericht über die Ungläubigen in dieser schrecklichen Drangsalszeit bringen wird (2. Thes 1,6-9). Mit anderen Worten: Die Christen werden diesen Tag nicht als Menschen auf der Erde erleben, die noch auf das Wiederkommen Jesu warten, sondern sie werden im Himmel sein bzw. bei Christus sein, um mit Ihm auf diese Erde als verherrlichte Menschen zu kommen. Sie müssen also zuvor entrückt worden sein.

Was wird mit den Christen geschehen? Sie werden mit Christus offenbart werden in Herrlichkeit, in einer äußerlich sichtbaren Herrlichkeit, die sie heute nicht besitzen, sondern erst, wenn sie Christus sehen, wie Er ist (Kol 3,4; 1. Joh 3,2). Sie werden Ihn sehen, wenn Er wiederkommen wird, um uns zu sich zu nehmen (Joh 14,3). Und dann, wenn sie die Herrlichkeit dieses Tages des Herrn erleben werden, sind sie mit Christus in verherrlichten Körpern auf diese Erde zurückgekommen.[33]

---

33 Mit diesem „Tag des Herrn" darf man im Übrigen nicht den „Tag Jesu Christi" oder andere Tage verwechseln, die sich auf die Gläu-

Den Herrn freudig erwarten – nach der Drangsal?

Wie wir bereits gesehen haben, wird sowohl in Matthäus 24,21 als auch in Jeremia 30,7 von der großen Drangsal gesprochen. Auch Bibelstellen wie Joel 2,2 zeigen, dass es sich um eine Zeit handelt, die unvergleichlich schrecklich ist. So etwas Furchtbares und Schlimmes ist an Gericht noch nie über diese Erde gekommen. Mit anderen Worten: Selbst das für uns heute bereits wieder Unvorstellbare, was unter dem Hitler-Regime geschah, verblasst angesichts der Schrecklichkeit dieser Drangsale.

Als Christen werden wir ermutigt, auf das Kommen des Herrn zu warten und „einander mit diesen Worten" zu ermuntern (1. Thes 4,18). Diese Aufforderung zur gegenseitigen Ermunterung wäre geradewegs Zynismus, wenn wir zunächst erwarten müssten, in unvergleichlich schlimme Drangsale zu kommen. Dann brauchte man zwar Ermunterung, um in den Drangsalen auszuharren, doch der Hinweis auf diese Ereignisse wäre keine Ermunterung, wie der Apostel sie aber in diesen Versen vorstellt.

---

bigen beziehen (vgl. 1. Kor 1,8; 2. Kor 1,14; Phil 2,16; 2. Tim 1,12.18; Heb 10,25). Diese Tage haben nichts mit dem Gericht über Juden und Heiden oder mit dem Tag des Herrn zu tun.

Zudem wäre die Gefahr, in solch furchtbaren Prüfungen aufzugeben und das Ende wegen Untreue nicht zu erreichen, sehr groß (vgl. Mt 24,13; Mk 13,13). Daher wäre neben dieser Ermunterung eine sofortige Warnung und Ermahnung mindestens in gleichem Maße nötig. Das unterstreicht ein weiteres Mal, dass die Christen nicht durch die große Drangsal hindurchgehen müssen.

Nein, es ist offenbar, dass wir *vor* dieser Drangsalszeit entrückt werden. Daran dürfen wir festhalten und uns so gegenseitig ermuntern, auf das Wiederkommen des Herrn Jesus zu warten. Wir brauchen keine Angst vor einer speziellen Drangsalszeit zu haben. Wir erwarten zuvor unseren Retter als Retter des Leibes, der uns aus den irdischen Umständen in die Herrlichkeit bringen wird.

Dem Herrn entgegen

Nun meinen manche Gläubige, die der Auffassung sind, dass wir Christen noch durch die Drangsalszeit hindurchgehen müssen, Christus würde bei der Entrückung sofort sein Reich in Macht und Herrlichkeit auf der Erde aufrichten. Das wird teilweise mit der Überlegung verbunden, dass Er uns am Ende der großen Drangsal befreien wird, um dann unmittelbar zusammen mit uns sein Friedensreich aufzurichten. Die Entrückung bringt uns nach dieser Auffassung nicht in den Himmel, sondern nur in die Wolken zu Christus, damit wir sofort mit Ihm auf die Erde zurückkommen. Dann aber hätte sich der Apostel Paulus anders ausgedrückt und nicht davon gesprochen, dass wir „dem Herrn entgegenentrückt" werden.

Nein, der Apostel betont, dass wir dem Herrn in die Luft entgegenentrückt werden, damit wir *so* allezeit bei Ihm sein können. Wir werden also an den Ort entrückt, von dem der Herr Jesus in die Wolken gekommen ist: in den Himmel.

Das griechische Wort *harpázo* (ἁρπάζω) für *entrücken* hat im Allgemeinen die Bedeutung von *rauben, wegreißen, mit Gewalt fortschleppen, entführen.* „ἁρπάζω" betont immer, dass der-, das- oder diejenige(n) mit einer von außen kommenden Macht und Kraft aus dem bisherigen Aufenthaltsort weggenommen wird (werden). Wenn es überhaupt jemals zurückgebracht wird, dann deutlich später:

- Gewalttuende reißen das Reich an sich (Mt 11,12), natürlich nicht, um es gleich wieder herzugeben!

- Jemand „raubt" Hausrat (er reißt ihn weg) (Mt 12,29) und will ihn natürlich nicht sogleich wieder zurückgeben!

- Der Böse reist das Gesäte aus dem Herzen weg (Mt 13,19). Er möchte es nicht zurückgeben!

- „Als sie aber aus dem Wasser heraufstiegen, entrückte der Geist des Herrn den Philippus; und der Kämmerer sah ihn nicht mehr“ (Apg 8,39.40) Natürlich wurde Philippus nicht gleich wieder zu dem Kämmerer zurückgebracht; vielmehr wurde er „in Asdod gefunden“.

- Paulus sollte aus der Mitte der tobenden Juden „weggerissen“ werden (Apg 23,10), natürlich nicht, um ihn gleich darauf wieder zurückzubringen!

- Paulus wurde „entrückt bis in den dritten Himmel“ (2. Kor 12,2.4). Dort musste er erst unaussprechliche Dinge hören, bevor er zurückgebracht wurde.

- Menschen sollten aus dem Feuer gerissen werden, natürlich nicht, um sie gleich danach wieder hineinzuwerfen! (Jud 23).

- Das männliche Kind (das ist Christus) „wurde entrückt zu Gott und zu seinem Thron“ (Off 12,5). Dort ist Er nun schon fast 2000 Jahre.

Wenn man diese Bedeutung von „entrücken“ vor Augen hat, wird deutlich, dass das Verwenden dieses Ausdrucks keinen Sinn ergeben würde, wenn die Entrückten sogleich dahin zurückgebracht werden, von wo sie ausgegangen sind. Nein, wir werden aus den irdischen Umständen, aus unserer Umgebung heraus entrückt, um für immer bei dem Herrn zu sein. Wo ist Er heute? Im Himmel. Dorthin wird Er uns mitnehmen, wenn Er uns in die Luft entgegenkommt. Er beabsichtigt, uns zu einem Ausgangspunkt, den nur Gott kennt, in das Haus seines Vaters einzuführen.

In den Himmel

Auch aus anderen Schriftstellen wird deutlich, dass der Herr Jesus die Erlösten nicht trifft, um sofort mit ihnen auf die Erde zu kommen. Die Belehrungen des Herrn an seine Jünger im Obersaal (Joh 14,1-4) bestätigen das. Wir finden dort keinen Hinweis darauf, dass der Herr die Jünger abholt, um mit ihnen sofort auf die Erde zurückzukehren. Im Gegenteil! Er holt sie ab, um sie zu sich zu nehmen, wo Er ist. Wo ist das seit seiner Himmelfahrt? Im Himmel! Das ist für uns der ersehnte, glückselige Zielort. Darauf warten wir, darauf freuen wir uns.

Wenn wir lesen, dass Christus mit den Seinen auf die Erde kommt, um in Herrlichkeit zu erscheinen, heißt es: Er kommt *mit ihnen* aus dem *Himmel*. Bibelstellen, die das sehr schön zeigen, sind

- 2. Thessalonicher 1,7 („vom Himmel her", nicht aus den Wolken der Luft),

- Offenbarung 19,11-16 („Ich sah den Himmel geöffnet, und siehe, ein weißes Pferd, und der darauf saß, genannt ‚Treu und Wahrhaftig' ... Und die Kriegsheere[34], die in dem Himmel sind, folgten ihm auf weißen Pferden").

Die Entrückung bedeutet für die Gläubigen also, dass sie mit ihrem Retter in den Himmel auffahren. Dort werden sie, wie lange auch immer, sein, um gemeinsam mit Ihm aus dem Himmel auf die Erde zurückzukommen. Aus anderen Stellen lernen wir, dass sie mindestens sieben Jahre dort sein werden (die 70. Jahrwoche, von der Daniel in Daniel 9 berichtet). Das ist genau die „Stunde der Versuchung" (Off 3,10), vor der wir bewahrt bleiben.

34 Woher können wir wissen, dass es sich bei diesen Kriegsheeren um die Versammlung handelt? In Offenbarung 19,6-8 wird die Hochzeit des Lammes im Himmel beschrieben. Er wird seine Braut heiraten, das ist nach Epheser 5,32 die Versammlung. Diese Versammlung kleidet sich in feine Leinwand (Off 19,8), das ist genau die Kleidung, die in Vers 14 mit den Kriegsheeren verbunden wird.

Dass dieser Trost für die lebenden Gläubigen ermutigend ist, muss nicht weiter betont werden. Daher schließt der Apostel diese Belehrung mit den Worten ab: „So ermuntert nun einander mit diesen Worten“ (1. Thes 4,18).[35]

Zeiten und Zeitpunkte (1. Thes 5,1-11)

Manche Ausleger haben die dann folgenden Verse in 1. Thessalonicher 5 so verstanden: Paulus spricht am Anfang von Kapitel 5 von derselben Sache wie am Ende von Kapitel 4. Dann wären Entrückung und Tag des Herrn mehr oder weniger dasselbe. Nach ihrer Überzeugung sind demnach Zeiten und Zeitpunkte (V. 1), die mit dem Tag des Herrn in Verbindung stehen (V. 2), zugleich mit der Entrückung verbunden.

Sie übersehen aber, dass der Apostel seine Gedanken mit einem „aber“ anschließt. Das dafür im Griechischen benutzte Wort *de* trägt oft nur eine leicht gegensätzliche Bedeutung bzw. nicht einmal das.[36]

---

35 In Anhang 5 beantworte ich noch die Frage, ob die Schrift Raum lässt für den Gedanken an eine teilweise Erlösung, das heißt, ob die treuen Christen vor der Drangsalszeit entrückt werden, untreue Christen dagegen durch die Trübsal hindurchgehen müssen.

36 Grammatikalisch spricht man hier von einem Abtönungspartikel, der die Einstellung des Redenden zum Gesagten ausdrückt: „Das ist aber schön!“ – ein Gegensatz wird hier nicht hergestellt.

Tatsächlich benutzt Paulus an dieser Stelle aber zwei Wörter: *peri de*. Und dieser Ausdruck leitet immer wieder ein neues Thema ein, das nicht in direktem Zusammenhang mit dem unmittelbar zuvor Gesagten steht (vgl. 1. Kor 7,1.25; 8,1; 12,1; 16,1.12; 1. Thes 4,9; 5,1). Wir befinden uns somit auf sicherem Boden, wenn wir die ersten Verse von Kapitel 5 nicht mit den letzten Versen aus Kapitel 4 inhaltlich gleichsetzen. Mir scheint eher, dass Paulus sich in 1. Thessalonicher 5,1 auf Kapitel 4,14 zurückbezieht und die Zeit des Mit-Ihm-Bringens der Heiligen näher ausführt. Die mit dem begründenden „denn" beginnenden Verse 15-18 sind ein Einschub, der aus diesem Grund in der Bibelausgabe der Elberfelder Übersetzung (Edition CSV Hückeswagen) in Klammern gesetzt worden ist.

Diese neue Akzentuierung in Kapitel 5,1 wird auch durch den Kontext unterstrichen. Die Entrückung ist für die Erlösten ein trostreicher Gedanke. Das, was in den ersten Versen von Kapitel 5 folgt, ist das Gegenteil. Man spricht von Frieden und Sicherheit, stattdessen aber kommt ein plötzliches Verderben (V. 2). Damit verbunden ist ein Zorn (V. 9), den die Erlösten, an die Paulus sich wendet, gerade nicht erleben werden. Sie erfahren stattdessen eine Errettung *vor* diesen Gerichten. Sie kommen eben nicht in dieses Gericht, sondern werden „zusammen mit ihm leben" und können sich deshalb einander ermuntern (V. 11).

Bedeutsam ist in diesem Zusammenhang, dass der Apostel die Beziehung zu der Gruppe wechselt, die er anspricht. Während er im Blick auf die Entrückung von „wir" gesprochen hat, wechselt er in Kapitel 5 die Perspektive: „Wenn *sie* sagen: Frieden und Sicherheit!, dann kommt ein plötzliches Verderben über *sie*" (V. 3). Diejenigen, die hier betroffen sind, können nicht die Gläubigen sein, von denen Paulus zuvor mit „wir" gesprochen hat. Es sind ganz andere Menschen.

Auch etwas anderes ist noch wichtig: Paulus spricht im Blick auf die Entrückung in Kapitel 4 ausdrücklich von einem „Wort des Herrn" (V. 15), also einer besonderen Offenbarung. Im Blick auf den Tag des Herrn und die Gerichtszeit kann er den Thessalonichern dagegen sagen, sie seien über diese Zeiten und Zeitpunkte längst belehrt worden (1. Thes 5,1.2). Sie waren nicht nur durch ihn selbst belehrt worden, sondern auch durch das Alte Testament. Denn dort ist sehr oft vom „Tag des Herrn" die Rede. Wir haben bereits gesehen, dass dies die Zeitperiode ist, in der ausgehend von Gerichten und in Verbindung mit den Gerichten, die Er selbst ausführen wird, die Autorität und die Person des Herrn Jesus als Herrscher anerkannt werden wird.

Drangsale sind nicht gleich Drangsale (2. Thes 2)

Der Apostel Paulus schließt seine Belehrungen für die Thessalonicher nicht mit dem ersten Brief ab. Im zweiten Brief kommt er auf dieses Thema noch einmal zu sprechen. Inzwischen war die Sorge der Thessalonicher nicht mehr, was mit den heimgegangenen Gläubigen passieren würde; ihre Angst war nun, dass der Tag des Herrn sogar schon gekommen sei (2. Thes 2,2).

Paulus kann sie beruhigen. Er zeigt im zweiten Kapitel, dass es Dinge gibt, die diesem Tag vorausgehen müssen. Zunächst müssen die Namens-Christen von Gott und der christlichen Lehre abfallen (2. Thes 2,3). Auch der Mensch der Sünde, der Antichrist, muss auftreten, bevor dieser Tag des Herrn beginnen kann (V. 3.4). Der Apostel kann hinzufügen, dass die Thessalonicher wüssten, dass es etwas gibt, was die volle Entfaltung des Bösen durch den Antichristen als Instrument Satans verhindert (V. 6). Diesen Gedanken führt er allerdings nicht weiter aus. Doch das Neue Testament zeigt, dass der Heilige Geist sowohl in dem einzelnen Gläubigen (1. Kor 6,19) als auch in der Versammlung Gottes (1. Kor 3,16) wohnt. Solange Er in der Versammlung auf der Erde wohnt, gibt es keinen „Platz“, dass der

Teufel aus dem Himmel geworfen werden kann (Off 12,9.13), um hier zu „wohnen“.

Satan wird durch den Antichristen Zeichen und Wunder der Lüge vollbringen (2. Thes 2,9). Davon lesen wir im Blick auf die christliche Zeit kein Wort. Das aber heißt nicht, dass das Böse nicht schon wirksam ist (vgl. V. 7). Das Böse hat schon von Anfang an eine solche Gestalt besessen, dass die Christen verfolgt wurden. Deshalb mussten die gläubigen Thessalonicher „Verfolgungen und Drangsale“ erleiden (2. Thes 1,4). Diese waren aber kein Zeichen des Reiches, als ob Gott sein Königreich schon in Macht und Herrlichkeit aufgerichtet hätte. Vielmehr werden die Drangsale der christlichen Zeitperiode als Beweis dafür genannt, dass die Gläubigen des zukünftigen Reiches würdig seien (V. 5).

In der *Zeit der Drangsal* und der *Stunde der Versuchung* werden die Vorzeichen genau umgekehrt sein: Dann werden die ungläubigen Namenschristen, welche die wahren Christen verfolgten, Drangsale erleiden müssen (V. 6). Die verfolgten Christen dagegen dürfen dann die ewige Ruhe im Himmel genießen.

Vom Himmel aus kommen sie mit dem Herrn Jesus auf die Erde zurück. Dann wird Christus als Herr offenbart werden vor den Augen der ganzen Welt. Und auch die Engel werden Ihn begleiten (V. 7). Davon spricht der Apostel auch in Kolosser 3,4, wie auch der Herr Jesus selbst in Matthäus 24,30 sowie 25,31 dieses Thema behandelt.

Es gibt also *heute* Drangsale für die Christen. In der künftigen Drangsalszeit dagegen wird es furchtbare Leiden für die Namenschristen und die ungläubigen Nationen und Juden geben.

Ein „Gleichnis" von Emil Dönges

Der Bibelausleger Emil Dönges benutzt zur Erklärung dieser Gedanken aus 2. Thessalonicher 2 eine Art Gleichnis.[37] Da ich es gut verständlich finde, gebe ich es hier weiter:

> Ein Landesherr muss gegen eine empörerische Stadt, die ihm gehört, zu Felde ziehen. Ehe er sie gewaltsam niederwirft, wartet er eine längere Zeit geduldig. Seine „Botschafter des Friedens" bieten den einzelnen Bürgern dieser Stadt Versöhnung und Errettung an. Aber die Stadt verharrt in ihrer Empörung; nur einige Treue in der Stadt dienen dem rechtmäßigen Herrn. Da-

37 Entnommen aus: *Die Entrückung der Kirche* (1. Thes 4,17), Dillenburg, 1906, S. 45–46, von Dr. Emil Dönges. Der Text wurde sprachlich leicht bearbeitet und an die geltende Rechtschreibung angepasst. Das Buch ist abrufbar unter: https://www.cw-archive.org/de/books/72-die-entrueckung-der-kirche-4-auflage#1.

durch haben sie allerdings von den Rebellen viel zu leiden.

Der Herr hat aber den Seinen verheißen, sie vor der Beschießung der Stadt zu sich zu rufen. Er hat ihnen versprochen, sie mit sich zu vereinigen, um sie so vor der Zeit des Kampfes gegen die Stadt zu bewahren. Sie sollen nicht in die heiße Trübsal seines Gerichts über diese Stadt hineinkommen. Vielmehr werden sie ihn, wenn ihr Herr und Fürst in die feindliche und zu richtende Stadt seinen Einzug hält, in geschmückter Weise und mit Glanz begleiten.

Nun aber dauert das Kommen ihres Herrn, so dass sie noch warten und ausharren müssen. So stehen sie in Gefahr, die Trübsal durch ihre Widersacher für die ernsten Trübsale zu halten, die ihr Fürst an seinem Tag den Feinden bereiten wird. Denn noch immer ist der „gebietende Zuruf“[38] ihres Herrn nicht gekommen, das vereinbarte, geheime Zeichen, aufgrund dessen

38 Das griechische Wort für „Zuruf“ hat eine besondere Bedeutung. Es setzt Zugehörigkeit und ein anerkanntes, bestehendes Verhältnis dessen, der gerufen wird, zu dem Zurufenden voraus. Man benutzte diesen Ausdruck zum Beispiel für den Zuruf auf einem Schiff, wenn der Steuermann seine Mannschaft rief. Der Zuruf gilt nur dieser Mannschaft und nicht den Fremden auf dem Schiff. Es ist ein Wort an solche, zu denen man eine Beziehung pflegt.

sie sich vor das Weichbild der Stadt[39] begeben sollen. Dort sollen sie zu ihm gesammelt werden. Wegen der aktuell zu erleidenden Verfolgungen meinen manche, der „Tag des Herrn“, dieser Tag des Gerichts, sei schon angebrochen.

Der Fürst hört von dieser Bestürzung seiner Getreuen. Daher schreibt er ihnen, sie sollten sich nicht erschüttern lassen, als ob sein Tag (der Rache) schon gekommen sei. An diesem seinem Tag würde ihr Teil ja Ruhe und nicht Bedrängnis sein. Nein, sein Tag sei noch nicht gekommen. Auch könnte dieser nicht kommen, ehe nicht die gesamte Stadt sich ganz von ihm losgesagt habe, „abgefallen sei“. Das aber könnte noch gar nicht der Fall sein, solange sie (die Getreuen) noch darin seien. Sie seien nämlich solche, die diese Entwicklung zurück- und aufhielten.

Darum erinnert sie der Herr noch einmal an sein früher gegebenes klares Versprechen, zuerst für sie zu kommen, um sie aus der Stadt herauszurufen. Sie könnten darauf vertrauen, dass er sie wirklich vor diesem Gerichtskampf zu sich versammeln würde. Dazu würde er selbst auch gar nicht ganz in die Stadt kommen, wie bei dem Gerichtskampf. Er würde ihnen allerdings

39 Silhouette. Rechtshistorisch handelt es sich um den Bezirk, der vor den eigentlichen Stadtmauern lag. Auch er war der städtischen Gerichtsbarkeit unterworfen.

entgegenrücken bis zum Weichbild der Stadt. Sie sollten sich also „durch nichts erschrecken lassen".

Entrückung am Ende der Drangsalszeit?

Es gibt noch einen wichtigen Abschnitt, der weiteres Licht auf die Frage wirft, ob die Entrückung vor oder am Ende der Drangsalszeit stattfinden wird. In Lukas 19 lesen wir im ersten Abschnitt (V. 1-10), dass der Herr Jesus dem Haus des Zachäus Errettung gebracht hat. Er war gekommen, „zu suchen und zu erretten, was verloren ist" (V. 10). Offenbar nahmen manche Zuhörer diese Worte Jesu zum Anlass, um die sofortige Aufrichtung des Königreichs Gottes zu erwarten. Wer so wie der Herr Jesus Wunder tat und Errettung brachte, musste ihrer Ansicht nach sofort das Königreich in Herrlichkeit aufrichten (können). Auch die Tatsache, dass man sich jetzt in der Nähe von Jerusalem befand, nährte offensichtlich diese Erwartung. Denn wo anders als in der Hauptstadt des Landes sollte die Königsherrschaft gefeiert werden?

Daraufhin fügte der Herr ein Gleichnis an, „weil er nahe bei Jerusalem war und sie meinten, dass das Reich Gottes *sogleich* erscheinen sollte" (V. 11). Dieses Gleichnis verdeutlicht, dass der Herr

Jesus dieses Reich in Jerusalem zwar aufrichten wird, jedoch erst später, und zwar dann, wenn Er auf den Ölberg kommen wird zur Rettung seines Volkes (Sach 14,4.8). Dann wird Er im Namen des Herrn kommen. Aber das ist auch für uns heute noch Zukunft. Genau das kündigt die Begebenheit prophetisch an, die Lukas im Anschluss an das Gleichnis von den Pfunden berichtet (vgl. Lk 19,29-40; Ps 118,26.27).

Zwischenperiode

Dieses Königreich wurde aber *damals* nicht sofort aufgerichtet. Das war nicht möglich, weil der Herr verworfen wurde. Daher würde *zunächst* eine Zeit anbrechen, in der der Herr Jesus die Seinen aussenden würde, um sie in seinen Dienst zu stellen. In der Zeit zwischen seinem ersten damaligen Kommen und seinem zweiten zukünftigen Kommen sollten sie mit den ihnen anvertrauten Pfunden zur Ehre Gottes handeln (Lk 19,11-27). Das ist ein Hinweis auf unsere heutige Zeit.

Der Herr wird symbolisch durch den „hochgeborenen Mann" dargestellt (V. 12). Dieser Mann von gutem, edlem Geschlecht, wie man „hochgeborenen Mann" auch übersetzen könnte, zog in ein fernes Land. Das können wir als einen Hinweis auf die Auferstehung und Himmelfahrt Christi verstehen

(Lk 24; Apg 1). Nach vollbrachtem Werk am Kreuz zog Christus in ein fernes Land (in den Himmel).

Dort empfing Er für sich ein Reich (die Herrschaft über die gesamte Erde). Vor seinen Leiden und seinem Tod war Er nicht bereit, diese Regentschaft anzunehmen, schon gar nicht aus der Hand Satans (vgl. Mt 4,5-8). Der Herr fügt in diesem Gleichnis noch hinzu, dass Er *wiederkommen* würde, nachdem er das Königreich empfangen hat (Lk 19,12). Das können wir als einen Hinweis verstehen, dass es in diesem Gleichnis um die Zeit seiner Abwesenheit nach seiner Auferstehung bis zu seinem Wiedererscheinen geht. Interessanterweise gibt es zehn Gleichnisse, die gerade diese Zeit ins Auge fassen.[40] Es wird offengelassen, wie lange diese Zeit andauert. Sicher ist, dass der Herr selbst am Ende dieses für uns unbekannten Zeitraums sein Königreich in Macht aufrichten wird.

---

40 1. Markus 4,26-29 (die wachsende Saat);

2. Matthäus 22,2-14 (der König, der seinem Sohn Hochzeit machte);

Lukas 14,16-24 (das große Gastmahl);

Lukas 10,30-37 (der barmherzige Samariter);

Matthäus 24,45-51 (der treue und der böse Knecht);

Markus 13,34-37 (der Knecht, der wachen soll);

Matthäus 9,15 (der anwesende Bräutigam);

Matthäus 25,1-13 (die zehn Jungfrauen);

Matthäus 25,14-30 (die Talente);

Lukas 19,12-27 (die Pfunde).

Christus empfängt das Reich

In Lukas 19,15 heißt es dann, dass der hochgeborene Mann, also Christus, das Reich empfangen hat. Das geschieht ausdrücklich, bevor Er auf die Erde zurückkommt. Natürlich hat der Herr Jesus dieses Reich bereits „erhalten", als Er in den Himmel gegangen ist, wie weiter oben bemerkt. Hier wird einfach betont, dass der Hochgeborene es auf jeden Fall erhalten hat, bevor er zurückkommt, um seinen Lohn einzusammeln. Lohn steht im Neuen Testament in Verbindung mit dem sichtbaren Reich, wenn nämlich sichtbar wird, wie groß der Lohn des Einzelnen ist. Geschenkt wird der Lohn am Richterstuhl des Christus (2. Kor 5,10; 1. Kor 4,5), aber offenbar wird diese Belohnung im Königreich auf der Erde. Auf den Herrn Jesus bezogen geht es also um das Kommen in Macht und Herrlichkeit. Den „Knechten" gab der Herr Jesus zuvor Pfunde, mit denen sie für Ihn handeln sollen.

Für unser Thema ist die zeitliche Perspektive von Interesse, die Er diesem Dienst seiner Knechte gibt: „bis ich komme" (V. 13). Auch in 1. Korinther 11,26 heißt es „bis"; wir sollen den Tod des Herrn bis zu einem bestimmten Zeitpunkt verkünden: bis Er kommt. Hier in Lukas liegt die Betonung allerdings auf einer Zeitspanne. Das griechische Wörtchen, das der Herr hier benutzt, hat die Hauptbedeutung „während“, also: *„während* ich komme“. Das heißt: Seine Ankunft wird hier nicht auf einen bestimmten Zeitpunkt fixiert. Vielmehr betont der Herr an dieser Stelle die Unmittelbarkeit seiner Ankunft. Man könnte vielleicht auch so übersetzen: Handelt, während ich im Kommen unterwegs bin, sozusagen schon auf dem Weg bin. Der Herr möchte, dass seine Knechte Ihn zu jeder Zeit erwarten. Es gibt *nichts,* was seinem Kommen vorausgehen müsste. Er kann jederzeit zurückkommen und ist gewissermaßen schon auf dem Weg. Er hat gesagt: „Ich komme bald“ (Off 22,20).

Das Aufrichten des Königreichs

Im Gegensatz zur Entrückung muss vor der Aufrichtung des Königreichs in Macht einiges erfüllt werden, wie wir gesehen haben. Der Herr selbst spricht beispielsweise vom Kommen Elias (Mk 9,11.12). Aber seiner Rückkehr *für seine Knechte* muss nichts vorausgehen. Das gilt uns: Jederzeit kann der Herr Jesus zurückkommen, um uns zu belohnen und dann auch in sein Reich einzuführen.

Die Aufrichtung des Königreichs wird in diesem Gleichnis interessanterweise gar nicht mit der Rückkehr des hochgeborenen Mannes verbunden. Vielmehr gibt es *zuerst* eine persönliche Begegnung mit den Knechten, denen Er die Pfunde anvertraut hatte. *Dann* werden die Feinde bestraft, die nicht wollten, dass Er über sie herrschen sollte (Lk 19,27). Und *erst im Anschluss daran* finden wir die herrliche Einführung des Königs in Jerusalem, damit das Königreich in Macht beginnen konnte (V. 29-40).

Genau das ist auch der Ablauf in der Zukunft:

1. Der Herr Jesus wird wiederkommen und seine Knechte treffen.

2. Er wird uns Lohn geben für das, was wir für Ihn getan haben. Nach 2. Korinther 5,10 werden wir am Richterstuhl diesen Lohn empfangen. Sichtbar wird diese Belohnung, wenn der Herr Jesus seine Regierung auf der Erde antreten wird und wir mit Ihm regieren dürfen.

3. Dann wird der Herr mit seinen Feinden abrechnen. Das wird zum Teil in der Drangsalszeit sein, zum Teil durch die in Offenbarung 19,11-21 beschriebenen Gerichte stattfinden.

4. *Erst danach* wird Er nach Sacharja 14,4 und Matthäus 24,30 (Off 1,7) sichtbar für alle Menschen auf diese Erde zurückkommen.

Auch das unterstreicht, dass die *Entrückung vor der Drangsalszeit* stattfinden wird und von der Aufrichtung des Reiches grundsätzlich zu unterscheiden ist.

Zusammenfassung

Der „Tag des Herrn" beginnt mit der Erscheinung des Herrn Jesus. Er wird mit seiner Erscheinung furchtbare Gerichte über die Ungläubigen bringen. Danach wird Er in Macht, Herrlichkeit und Gerechtigkeit regieren. Die Erscheinung des Herrn setzt voraus, dass die Gläubigen zu Ihm entrückt worden sind. Denn sie werden mit Ihm bei seiner Erscheinung auf die Erde zurückkommen. Somit muss und wird Er sie vorher zu sich holen. Dann werden wir mit Ihm seinen Tag, den Tag des Herrn, auf der Erde genießen dürfen. Von Drangsal wird es dann keine Spur mehr geben.

Ausklang

Die in diesem Buch genannten Überlegungen zeigen: Als Erlöste, die wir zur Versammlung (Gemeinde) Gottes gehören, werden wir nicht die Drangsalszeit erleben. Wir werden von keinem neutestamentlichen Schreiber vor der großen Trübsal gewarnt. Im Gegenteil, der Apostel Paulus ermuntert uns, dass der Herr uns vor den furchtbaren Entwicklungen, die zur Drangsalszeit gehören, entrücken wird. Der Herr Jesus wird uns vorher aus unseren Lebensumständen herausholen, um uns in Ewigkeit bei sich zu haben. Der Herr selbst bestätigt das in seinem Brief an die Versammlung in Philadelphia: Er wird uns „*vor* der Stunde der Versuchung" bewahren.

Das ist die Entrückung, die wir erwarten. Denn wir warten auf unseren Retter, der jederzeit kommen kann, um uns in den Himmel zu sich zu holen. Der Tag seines Kommens ist uns unbekannt. Wir erwarten Ihn jederzeit. Danach kommt auch der Tag, der von Gott festgelegt worden ist: „Er hat einen Tag festgesetzt, an dem er den Erdkreis richten wird in Gerechtigkeit durch einen Mann, den er dazu bestimmt hat, und er hat allen den Beweis davon gegeben, indem er ihn aus den Toten auferweckt hat" (Apg 17,31). Das ist seine Erscheinung, wenn Er in

Gerechtigkeit und Herrlichkeit regieren wird. Auch darauf freuen wir uns (2. Tim 4,8).

Gott ermuntert uns, in tiefer Überzeugung auf die Entrückung zu warten. Dann werden wir den Herrn Jesus das erste Mal von Angesicht zu Angesicht sehen. Es wird ein Augenblick unendlichen Glücks und großer Freude sein. Das ist unsere Hoffnung. Möge unser Retter noch heute wiederkommen!

Anhang 1: Die Gliederung von Matthäus 24–25

Bereits in der Einführung haben wir die große Ölbergrede Jesu Christi gestreift. Wir haben drei große Teile unterschieden:

Gliederung

1. *Kapitel 24,1-44: Die Weissagung über Israel*

Hier finden wir die große Weissagung über die Zukunft Israels und der treuen Übriggebliebenen in Juda, die auf ihren Messias warten. Es geht in erster Linie um die sieben Jahre größter Drangsale. Deren Ende wird durch das zweite Kommen des Herrn Jesus in Macht und Herrlichkeit bewirkt. In diesem Abschnitt finden wir ab Vers 3 nicht die Zerstörung Jerusalems im Jahr 70 nach Christus, wie sie von Lukas (Kap. 21,20-23) vorhergesagt wird. Vielmehr weist der Herr Jesus auf eine Zeit hin, die auch für uns noch zukünftig ist.

2. Kapitel 24,45–25,30: Die Weissagungen über die christliche Epoche

Hier lesen wir von Entwicklungen und Merkmalen der heutigen, christlichen Zeit.

3. Kapitel 25,31-46: Das Gericht und die Regierung über die Nationen

In diesem dritten Teil lesen wir von der Erscheinung des Sohnes des Menschen und dem Richten der Nationen künftiger Tage. Das Gericht hängt davon ab, ob die nichtjüdischen Menschen das Evangelium des Königreichs angenommen haben oder nicht. Die einen gehen ein in das herrliche Reich; die anderen werden gerichtet und dem ewigen Feuer, der Hölle, übergeben.

An dieser Stelle ist mir wichtig, diese Gliederung etwas ausführlicher zu begründen. Das ist notwendig, damit wir verstehen, dass die im ersten Teil genannte „große Drangsal" wirklich mit Israel und nicht mit der Versammlung zu tun hat.

Zunächst einmal fällt auf, dass sich die drei Teile der Ölbergrede in der Art und Weise unterscheiden, in der der Herr Jesus spricht:

- Beim ersten Teil handelt es sich um eine direkte Weissagung über Ereignisse auf der Erde. Der Herr spricht über historische (künftige) Geschehnisse.

- Der zweite Teil über die Christenheit ist ganz anders im Stil und Aufbau. Genau wie in der aus Kapitel 13 des Matthäusevangeliums bekannten, geheimnisvolleren Weise benutzt Christus hier Gleichnisse zur Belehrung. Es sind insgesamt drei Gleichnisse. Sie vervollständigen das Bild, das der Herr Jesus in Kapitel 13 durch sieben Gleichnisse über den christlichen Bereich gemalt hat.

- Im dritten Teil finden wir schließlich die Beschreibung eines Sitzungsgerichts[41], das in Verbindung mit dem Wiederkommen Jesu stattfinden wird. Hier schließt der Herr unmittelbar an das Ende des ersten Teils an. Das wird deutlich, wenn man den letzten Vers des ersten Abschnitts und den ersten Vers des letzten Teils hintereinander liest.

---

41 Ein Sitzungsgericht steht im Kontrast zu einem Kriegsgericht. Im Buch der Offenbarung lesen wir in Kapitel 19, dass der Herr Jesus als Kriegsherr auf diese Erde zurückkommen wird, um den römischen Kaiser und den Antichristen zu besiegen. Im Unterschied dazu wird in Matthäus 25 eine Gerichtssitzung beschrieben, in der Christus auf einem Thron sitzen und Gericht halten wird.

Übrigens stimmt die Reihenfolge der drei großen Abschnitte mit der in den drei letzten Gleichnissen aus Matthäus 13,44-50 überein. Dort handelt es sich um drei Gruppen von Gläubigen: um die treuen übrig gebliebenen Juden (der Schatz im Acker), um die Versammlung (also die christliche Zeit, die Perle) und um die Nationen (das Netz im Meer). Genau diese Reihenfolge verwendet der Herr auch hier in Matthäus 24–25, wobei Er hier nicht direkt von der Versammlung, sondern von Christen bzw. der christlichen Zeitperiode spricht. Er weist zunächst auf die Juden hin. Die Jünger waren damals aus dem Judentum und in diesem Sinn gehören sie zu dem damaligen jüdischen Überrest, der von der ungläubigen Masse des jüdischen Volks unterschieden wird. Zugleich können sie damit als ein Bild der gläubigen Juden dienen, die in Zukunft (in der Drangsalszeit und dann auch im 1000-jährigen Reich) auf der Erde leben werden. Die Zeit, die der Herr hier also zunächst übergeht, ist die christliche Zeit. Er behandelt sie dann als Zweites. Zum Schluss spricht Er von den Menschen aus den Heiden, die in der Zeit der kommenden Trübsal nach Matthäus 24,14 durch die Juden zum Glauben geführt werden.

Warum hat der Herr in diesen drei Teilen keine chronologische Reihenfolge gewählt? Das mag daran liegen, dass Er zunächst die Jünger vor sich sieht, die aus dem Judentum stammen. Ihnen (und ihren geistlichen und nationalen Nachkommen) möchte Er notwendige Belehrungen geben. Er tut das getrennt von den beiden anderen Gruppen, weil Er die besonderen Kennzeichen jeder Zeitepoche deutlich erkennbar machen und unterscheiden möchte.

Die Endzeitrede über den jüdischen Bereich (Mt 24,1-44)

In diesem ersten großen Abschnitt geht es um das jüdische Volk. Der Herr spricht hier besonders von dem Zeichen seiner Ankunft, also von seinem Kommen. Und Er weist auf die Vollendung des Zeitalters hin. In diesen Versen spricht der Herr Jesus auf direkte Weise über das, was für das Volk Israel kommen würde. Er geht von der Situation aus, die das Volk damals kannte. Aber Er kommt sehr schnell auf die Endzeit zu sprechen, die auch für uns noch zukünftig ist.

Damit wir diesen Abschnitt richtig verstehen, ist es außerordentlich wichtig, zu erfassen, dass die vom Herrn Jesus genannten Punkte *nicht* symbolisch gemeint sind. Der Herr spricht nicht von Dingen, die eine Art geistliche Erfüllung finden. Es geht vielmehr direkt um jüdische Elemente und konkrete Ereignisse, die stattfinden werden. Ein Überfliegen des Abschnitts macht das sehr deutlich. Der Herr spricht zum Beispiel

- vom „Evangelium des Reichs“ (V. 14),
- vom „heiligen Ort“ (V. 15),
- von „Judäa“ (V. 16) und
- vom „Sabbat“ (V. 20),

um nur einige Beispiele zu nennen. Das verdeutlicht: Es kann sich hier nicht um einen Bezug zu Christen handeln. Für sie gibt es keinen lokalisierbaren heiligen Ort, wie es Jerusalem für das Volk Israel war und sein wird. Judäa hat für uns keine Bedeutung, außer dass es ein Landstrich in Israel ist. Christen sollen den Sabbat gerade nicht halten (Kol 2,16), Juden mussten das dagegen unbedingt; der Sabbat wird für sie auch wieder neu bedeutsam sein. Heute wird das „Evangelium der Gnade“ verkündigt (Apg 20,24; Gal 1,6), nicht das Evangelium des Königreichs.

Man kann somit die Schlussfolgerung ziehen: Es handelt sich in der Zeit, von der Christus nach Matthäus 24,1-44 spricht, nicht um die christliche Zeit. Es ist eine Epoche, die in besonderer Weise für Juden charakteristisch ist.

Die Endzeitrede über den christlichen Bereich (Mt 24,45–25,30)

In dem mittleren Teil verlässt der Herr Jesus den jüdischen Bereich und wendet sich dem christlichen zu. Dort finden wir keine Bezugnahme zum jüdischen Bereich (Tempel, Judäa, Sabbat usw.). Nur in Matthäus finden wir diese drei Gleichnisse – übrigens auch das erste, auch wenn Lukas ein ähnliches in einer anderen Situation erzählt. Denn nur Matthäus spricht überhaupt in dieser Weise vom christlichen Bereich und später von dem der Nationen.

In diesem Teil zeigt der Herr Jesus seinen Jüngern, dass es zwischen der Zeit seines ersten Kommens auf diese Erde und der angekündigten Drangsalszeit eine Epoche gibt, die Er zunächst überschlagen hat. Das ist die christliche Zeit. Der Herr benutzt jetzt eine ganz andere Form in seiner Rede als im jüdischen Bereich. Er spricht in drei Gleichnissen zu den Jüngern, die alle drei das Kommen des Herrn zum Thema haben.

1. Im ersten zeigt Er, dass es zwei Typen von Menschen gibt. Die einen sind kluge Diener und führen ihre vom Herrn übertragene Aufgabe im inneren Bereich in Treue aus. Die anderen denken nur an sich, leben für ihren

eigenen Genuss und herrschen daher über andere Knechte. Diese zweite Gruppe sind Bekenner, die kein Leben aus Gott besitzen. Außerdem geht es in diesem ersten Gleichnis besonders um die zeitliche Gesamtentwicklung. Denn der Herr teilt die christliche Zeit in zwei Phasen ein. Am Anfang war der geistliche Zustand der Christen (im Allgemeinen) gut. Diese Periode wird durch den treuen Knecht dargestellt. Aber am Ende der christlichen Zeit, in der wir heute leben, ist der geistliche Zustand schlecht, was durch den bösen Knecht vorgestellt wird.

2. Im zweiten Gleichnis spricht der Herr Jesus im Blick auf die beiden Typen von Menschen direkt von einer Mehrzahl: Es gibt fünf kluge und fünf törichte Jungfrauen. Damit wird unterstrichen, dass es im ersten Gleichnis nicht nur um zwei Einzelpersonen geht, sondern dass der treue Knecht und der böse Knecht Repräsentanten einer größeren Gruppe von Christen sind.

   Hier steht nicht der Dienst im Vordergrund, sondern das Zeugnis, das sie auf der Erde ablegen sollen sowie die Erwartung des Herrn. Hier lernen wir zudem, dass auch die klugen, also die wahren Bekenner, untreu und gleichgültig geworden sind. Aber der entscheidende Unterschied zwischen beiden Gruppen ist, dass nur die Klugen beim Kommen des Herrn Öl in ihren Lampen besitzen. Nur sie haben Leben – die törichten Jungfrauen nicht. Während man im ersten Gleichnis eine globale Tendenz erkennt, lernen wir in diesem Gleichnis, dass zu jeder Zeit das Gute und das Böse nebeneinander bestehen. Das gilt auch für den Zeitpunkt des Kommens des Herrn, wo beides nebeneinander existieren wird.

3. Im dritten Gleichnis lernen wir dann, dass die Ausübung des Dienstes einer jeden Person, sei sie ein wahrer oder falscher Bekenner, unterschiedlich ist. Alle Christen haben die Aufgabe, entsprechend ihrer geistlichen Begabung einen Dienst auszuführen. Die Begabungen sind unterschiedlich, die Aufgaben unterscheiden sich. Aber eines bleibt gleich: Es kommt auf die Treue für den Herrn an. Diese wird vom Herrn bei seinem Kommen beurteilt. Es gibt also nicht nur Gruppen von wahren und falschen Bekennern nebeneinander. Es gibt auch eine ganz persönliche Verantwortung für jeden von uns. Jeder einzelne Jünger ist für sich selbst verantwortlich und besitzt eine persönliche Aufgabe. Man arbeitet nicht uniform, sondern individuell.

Eines bleibt in allen drei großen Teilen der Rede in Kapitel 24 und 25 gleich: Es handelt sich um *Jünger des Herrn*. Zu dieser Gruppe gehören auch wir, die wir in der christlichen Zeit leben. Wir sind nicht Jünger des Messias. Aber wir sind Jünger im Königreich der Himmel. Und insofern haben uns alle drei Teile etwas zu sagen.

Warum kann man sicher sein, dass dieser Teil die christliche Seite behandelt?

Natürlich stellt sich die Frage, woran man erkennen kann, dass es ab Vers 45 um den christlichen Bereich geht. Denn an und für sich gibt es keinen direkten „Bruch" im Text.

In dem vorhergehenden Überblick über die drei folgenden Gleichnisse haben wir schon gesehen, dass sich der Stil ändert. Zwar kommt eine Art Gleichnis auch schon in Vers 32 und in Vers 43 vor. Aber dort haben wir es nicht mit der normalen, bisher bekannten Form eines direkten Gleichnisses zu tun. Der Herr benutzt im jüdischen Teil stattdessen einen einfachen Vergleich. Jetzt aber kommen auf einmal drei typische Gleichnisse, nachdem der Herr vorher und nachher direkte, wörtlich zu verstehende Prophezeiungen gab. In diesen Gleichnissen geht es auch nicht um äußere Entwicklungen, sondern insbesondere um moralische Werte, um eine innere Haltung.

Ein weiterer Punkt ist, dass wir gerade in diesem zweiten Abschnitt keine Verbindung zum Alten Testament finden. Im jüdischen Teil haben wir den Bezug zu Daniel (V. 15). Darauf baut der Herr Jesus auch im dritten Teil auf. Dort ist ebenfalls besonders im Propheten Daniel (Kapitel 2 und 7) vom Kommen des Sohnes des Menschen in Herrlichkeit die Rede. Solche Bezüge fehlen im christlichen Teil vollständig, denn das Alte Testament sagt uns nichts Konkretes über die christliche Zeitperiode.

Zudem finden wir den Ausdruck „Sohn des Menschen“ in diesem Teil nicht. Dieser Titel des Herrn hängt mit der zweiten Phase seines zweiten Kommens zusammen. Das unterstreicht noch einmal, dass wir in diesem zweiten Teil eher an die Entrückung denken müssen. Allerdings geht es in allen drei Gleichnissen nicht so sehr um den *Akt* der Entrückung, als vielmehr um das *Offenbarwerden vor dem Richterstuhl* des Christus (2. Kor 5,10). Dieser steht immer mit der Verantwortung der Christen in Verbindung. Die Entrückung als solche dagegen ist ein Akt reiner Gnade.

Darüber hinaus gibt es in diesen drei Gleichnissen im Unterschied zum ersten großen Teil auch keine „jüdischen Schlüsselworte“. Hinweise auf Sabbat,

Gesetz, Judäa, etc. fehlen vollständig. Wenn dieser Teil einen jüdischen Charakter trüge, wären solche Hinweise wenigstens vereinzelt zu erwarten gewesen. Aber wir finden hier nichts dergleichen.

In diesen Gleichnissen behandelt der Herr zudem ein Thema, was im Blick auf das Judentum nicht behandelt wird: das Weggehen des Herrn. Das aber ist typisch christlich. Der Herr, der am Kreuz für uns starb, ist in den Himmel gegangen, um einmal wiederzukommen.

Weiterhin sehen wir, dass im ersten und im dritten Teil dieser prophetischen Rede sehr viele äußere Abläufe eine wichtige Rolle spielen. Diese werden im christlichen Bereich nicht behandelt. Der Herr zeigt im Neuen Testament auch immer wieder, dass Er zu dem Herzen redet und dass Ihm an geistlichem, innerem Wachstum von Gläubigen gelegen ist.

Schließlich lesen wir hier von Entwicklungen, die im Neuen Testament im Blick auf Christen wiederholt angesprochen werden. Die Hoffnung auf das Wiederkommen des Herrn wird von Paulus (1. Thes 4), von Johannes (Off 22) und Judas (Jud 21) betont. Das Aufgeben der Erwartung, wie es in den Gleichnissen jetzt thematisiert wird, betont unter anderem Petrus (2. Pet 3,4). Der Dienst der Christen, wie er im dritten Gleichnis behandelt wird, hat einen wichtigen Platz bei Paulus (Röm 12; 1. Kor 12; Eph 4) und Petrus (1. Pet 4,10).

Die Jünger des Herrn werden somit in den drei folgenden Gleichnissen in einer anderen Position gesehen als in den ersten 44 Versen von Kapitel 24. Sie waren einerseits Repräsentanten der jüdischen Gläubigen, die in einer Zeit an den Herrn Jesus als Messias glauben, in der Er der Verworfene ist. So sind sie die passenden Vertreter der gläubigen Übriggebliebenen, die auch in der Endzeit im jüdischen Bereich zum Herrn Jesus stehen werden. Andererseits aber waren sie auch die Keimzelle der Versammlung in einer ganz neuen Zeit, die hier noch nicht begonnen hatte. Denn als der Heilige Geist auf diese Erde kam (vgl. Apg 2), da waren es gerade diese Jünger, aus denen die Versammlung Gottes am Anfang bestand. Sie waren die ersten Christen, die hier auf der Erde lebten. Als solche kommen sie jetzt in den nächsten Abschnitten vor uns.

Die Endzeitrede über das Gericht der Nationen (Mt 25,31-46)

Mit Vers 31 nimmt der Herr Jesus wieder den Faden der prophetischen Geschichte von Kapitel 24,30.31 auf. Dort war die Rede davon, dass Er als der Sohn des Menschen mit Macht und großer Herrlichkeit kommt. Er wird seine Auserwählten von den vier

Winden der Erde her versammeln. Im Anschluss steht ein ermahnender Teil für die gläubigen Juden (V. 32-44).

In Matthäus 25,31 können wir sofort den Anschluss an Kapitel 24,31 erkennen. Darauf wird Bezug genommen: „Wenn aber der Sohn des Menschen kommen wird in seiner Herrlichkeit", wie es nämlich in Kapitel 24,30.31 beschrieben worden ist, dann findet das Gericht der Nationen statt (25,31.32).

Das sichtbare Wiederkommen Christi auf diese Erde finden wir in Vers 31. Es leitet eine Gerichtssitzung des Sohnes des Menschen über die Nationen ein. Wir haben hier einen direkten Bezug zu den „Nationen". Das sind keine Christen, weil diese „aus den Nationen" genommen und der Versammlung Gottes hinzugefügt worden sind.[42] Nationen sind auch keine Juden oder Israeliten, weil sie von diesen ausdrücklich abgegrenzt werden.

Wir hatten gesehen, dass der Herr als Sohn des Menschen dem abgefallenen Israel gegenüber, das dem Aas gleicht, wie ein Blitz erscheint: plötzlich, unerwartet, in furchtbarem und schnellem Gericht (Mt 24,27.28). In Bezug auf die Nationen ist von Eile und Heftigkeit keine Rede. Hier kommt Er in

---

42 Dieser Punkt wird in dem Abschnitt „Vor-Entrückung vor der Drangsalszeit?" ausführlicher erklärt.

geradezu feierlicher Weise, um seinen irdischen Platz in Herrlichkeit einzunehmen. Dieses Kommen wird nicht wie ein Blitz vorübergehen. Der Sohn des Menschen wird auf dem Thron seiner Herrlichkeit sitzen (V. 31). Alle Nationen werden Ihn sehen. Sie werden vor Ihm, der diesen Thron des Gerichts feierlich ernst eingenommen hat, versammelt stehen, um gerichtet zu werden. Das entscheidende Kriterium in diesem Gericht wird sein, wie sie die jüdischen Boten behandelt haben, die ihnen das Evangelium des Reiches gepredigt haben.

Anhang 2: Auflistung der Gründe für die Entrückung vor der Drangsalszeit

In diesem Anhang fasse ich in *einer* Liste die verschiedenen Begründungen dafür zusammen, dass die Entrückung *vor* und nicht während oder nach der Drangsalszeit stattfinden wird. Einige Punkte haben uns schon ausführlich beschäftigt. Sie werden jetzt nur noch kurz genannt. Andere Punkte füge ich ergänzend hinzu.

1. Johannes 14,1-3: Schon der Herr Jesus hat seine Jünger darüber belehrt, dass Er nach seiner Himmelfahrt wiederkommen wird. Sein Kommen gilt nicht der Regierung dieser Erde, sondern um die an Ihn Glaubenden zu sich ins Haus seines Vaters zu holen (vgl. auch Joh 17,24).

2. Matthäus 24,24-27: Die Gläubigen, die in der großen Drangsal leben, warten nicht darauf, dass der Herr Jesus sie *zu sich* in den Himmel holt. Ihre Erwartung ist, dass der Herr für alle sichtbar *auf die Erde kommen* wird (V. 27). Er kommt nicht für die Welt *verborgen in den Wolken,* wohin die Gläubigen entrückt werden

(1. Thes 4,17), sondern *sichtbar mit den Wolken* (Off 1,7) zu ihnen auf die Erde, wo Er von allen gesehen werden wird (Mt 24,30).

3. 2. Thessalonicher 2,1: Paulus spricht von der Erwartung des Versammeltwerdens (Entrückung) zu Christus hin. Sie sollten nicht ängstlich werden, „als ob der Tag des Herrn da wäre" – er ist nicht da. Er bezeichnet die Ankunft unseres Herrn Jesus Christus und unser Versammeltwerden zu Ihm hin – also die Entrückung – als den Grund dafür, dass die Thessalonicher sich nicht durch irgendetwas in ihrem Glauben erschüttern lassen mussten. Diese Ankunft konnte nur deshalb der Grund für ihre Sicherheit und ihren Frieden sein, weil die Entrückung eben *vor der großen Drangsalszeit stattfinden* wird.

4. Kolosser 3,4; Offenbarung 3,12; 21,2.10: Wenn Christus aus dem Himmel sichtbar auf die Erde kommt, wird Er von den Seinen begleitet (vgl. Off 19,11-16). Sie müssen also *vorher in den Himmel aufgefahren* sein. Wie kann die Versammlung *aus dem Himmel* kommen, wenn sie nicht *zuvor dorthin gekommen* (entrückt) worden ist? Heute ist unser Leben verborgen mit dem Christus in Gott: In Kolosser 3 spricht Paulus offenbar von geistlichen und nicht körperlichen Tatsachen für die Erlösten. Dann

aber wird die Herrlichkeit der Verbindung von Christus mit seiner Versammlung auch körperlich *offenbar* werden. Die Erscheinung kann sich also nicht auf die heutige Zeit beziehen, wo wir hier auf der Erde leben, während Christus im Himmel thront.

5. 2. Thessalonicher 2,3: *Vor* dem Tag des Herrn, der nach der Entrückung ist, muss aber der *Abfall* kommen.

   2. Thessalonicher 2,3: *Vor* diesem Tag muss zudem der *Antichrist* offenbar werden.

   2. Thessalonicher 2,7: Weder das *totale Abfallen* von Gott und der christlichen Wahrheit noch die *Offenbarung des Antichristen* haben wir in der jetzigen Zeit. Solange wirkt das *„Geheimnis der Gesetzlosigkeit"*, also das Böse als Wurzel der gegenwärtigen Verhältnisse in dieser Welt. Aber das vollständige und absolute Abfallen von allem Göttlichen und das Erscheinen des Antichristen gibt es nicht in der christlichen Zeit.

6. 2. Thessalonicher 2,6.7: Der Abfall und das Kommen des Antichristen sind nicht ohne Weiteres möglich, denn es gibt ein unüberwindbares *„Hindernis":* das, „was zurückhält" bzw. der, „der zurückhält", näm-

lich der Heilige Geist in der Versammlung. Warum ist Er auf einmal verschwunden? Er kam auf die Erde, als die Versammlung an jenem Pfingsttag entstand (Apg 2; 1. Kor 12). Vorher wirkte Er auf der Erde, wohnte aber nicht dort. Er wird bei der Familie Gottes, der Versammlung, in Ewigkeit bleiben (Joh 14,16), denn Er wohnt in den Erlösten (heute) persönlich und in der Versammlung gemeinschaftlich (1. Kor 6,19; 3,16). Wenn der Geist nicht mehr da ist, kann die Versammlung nicht mehr da sein, denn Er wohnt in ihr. Wenn die Versammlung nicht mehr auf der Erde ist, geht der Geist Gottes mit ihr „zurück" in den Himmel. Das alles passiert aber erst mit der Entrückung, nicht vorher.

7. 1. Thessalonicher 4,16.17 (die Entrückung) wird deutlich unterschieden von 1. Thessalonicher 5,1-3 (der Erscheinung des Herrn): Das eine *musste offenbart werden* (Wort des Herrn, V. 15), das andere *kannten sie längst* (5,1). So wird die *Entrückung unterschieden von dem Tag des Herrn.* Beides sind unterschiedliche Ereignisse, die nicht zeitgleich stattfinden. Wenn nun die Gläubigen nach 1. Thessalonicher 5 *mit Christus* erscheinen, es aber auch eine Entrückung nach 1. Thessalonicher 4 gibt, muss diese notwendigerweise vorher stattfinden.

8. 2. Thessalonicher 1,5-10: Die Apostel bereiten die Christen auf keine spezielle Drangsalszeit vor. Im Gegenteil: Sie sprechen immer von Verfolgungen etc. Diese einzelnen Verfolgungen *stehen im Gegensatz zur „großen Drangsal"*, „wie sie seit Anfang der Welt bis jetzt nicht gewesen ist und auch nicht wieder sein wird" und die den gläubigen Überrest Judas betreffen wird (Mt 24,21). Zudem hat Paulus *damals* von einer zukünftigen Drangsalszeit gesprochen, nämlich in Verbindung mit dem Tag des Herrn. Diese unterscheidet sich nach seinen Worten von den Verfolgungen, die er und die Thessalonicher damals zu erleiden hatten. Was ergibt es für einen Sinn, wenn sich diese Unterscheidungen auf einmal auflösen, weil die Gläubigen angeblich *beides* erleben, früher oder später? Diese *Unterscheidungen* zwischen *aktuellen Verfolgungen* und einer *regelrechten Drangsalszeit* gelten auch heute noch. Die Zeit hat sich in dieser Hinsicht nicht seit der des Apostels geändert.

9. Joel 3,4: Der Tag des Herrn hat *jüdischen Charakter* – das zeigen die vielen Stellen im Alten Testament. Von christlichen Elementen ist an keiner Stelle die Rede. Er muss also zukünftig sein, nachdem die gläubigen Christen die Erde verlassen haben.

10. Viele Bibelstellen sprechen vom nahen Kommen des Herrn Jesus, ohne dass irgendeine Bedingung genannt würde (Röm 8,23; Phil 3,20.21; 1. Thes 1,10; Tit 2,13). Das ist die Entrückung. Wenn dennoch zuvor bestimmte Ereignisse geschehen und die Gläubigen bestimmte Dinge erdulden müssten, um an der Entrückung teilnehmen zu können, wäre das eine *Irreführung* von Seiten Gottes (vgl. 2. Thes 2,3).

11. Offenbarung 22,17; 3,11: Der Herr Jesus hat gesagt: *„Ich komme bald"* – nicht: Ich komme, wenn dies oder jenes geschehen ist (was beispielsweise die Drangsalszeit wäre). Sein Kommen kann jederzeit sein. Noch einmal: Das wäre eine Irreführung, wenn das letzten Endes doch nicht wahr wäre.

12. 1. Thessalonicher 5,9.10: Den Thessalonichern wird gesagt, dass sie *nicht zum Zorn gesetzt* sind. Das ist diese Zeit des Zorns Gottes, der in der großen Drangsal über ungläubige Menschen ausgeschüttet werden wird. Stattdessen sind sie bestimmt zur Erlangung der Errettung durch unseren Herrn Jesus Christus, der auch ihren Körper verwandeln und sie in die Herrlichkeit bringen wird (Phil 3,21).

13. In Römer 11,25 wird davon berichtet, dass Israel zum Teil Verhärtung widerfahren ist. Offensichtlich bezieht sich der Apostel Paulus auf die Zeit, in der er selbst lebte. Der Herr Jesus hatte schon während seines Lebens auf der Erde mehrfach von der Blindheit der Juden gesprochen (vgl. zum Beispiel Mt 13,13-15). Der Apostel Paulus bestätigt das, indem er darauf hinweist, dass die Juden verhärtet sind und eine Decke auf ihrem Angesicht tragen. Dadurch sind sie nicht in der Lage zu sehen (vgl. 2. Kor 3,14-16). Diese Verhärtung hält an, fügt der Apostel in Römer 11,25 hinzu, „bis die Vollzahl der Nationen eingegangen ist". Das sind nach Römer 11,12 die Gläubigen aus den Nationen, die es seit dem Pfingsttag gibt, von dem Apostelgeschichte 2 berichtet. Es handelt sich also um die heutige Zeit. Wenn es für Israel aber erst danach eine Wiederherstellung geben kann, wenn die Vollzahl der Nationen „eingegangen" ist: Wohin sind diese Nationen dann eigentlich eingegangen? Aus anderen Bibelstellen lernen wir: durch Entrückung in den Himmel. Ohne diese Entrückung gäbe es keine Hoffnung für Israel, auf der Erde wieder gesegnet zu werden. Diese Hoffnung aber wird sowohl im Alten als auch im Neuen Testament ausdrücklich genannt und beschrieben.

14. Heute wird das Evangelium der Gnade Gottes und der Herrlichkeit Gottes verkündigt (vgl. Apg 20,24; 1. Tim 1,11). Aus Matthäus 24,14 und Offenbarung 14,6 lernen wir, dass in der Drangsalszeit ein Evangelium verkündigt wird, das einen anderen Charakter trägt. Dort ist es das ewige Evangelium (Off 14,6) bzw. das Evangelium des Reiches (Mt 24,14), das den Nationen gepredigt wird. Während das Evangelium der Gnade Gottes Menschen für den Himmel ruft, bezieht sich das Evangelium des Reiches auf Segnungen auf der Erde. Denn sein Königreich ist auf der Erde, während sich unsere Hoffnung auf den Himmel bezieht (vgl. Kol 1,5; Phil 3,20). Wenn man das Zeugnis der beiden Zeugen in Offenbarung 11 noch hinzunimmt, kann man nur feststellen: Diese beiden Zeitepochen – die christliche und die der Drangsal – gehören und passen nicht zusammen. Sie tragen ganz unterschiedliche Charakterzüge. Damit kann diese Drangsalszeit nicht Teil der christlichen Epoche sein, die christliche wiederum nicht Teil der Stunde der Versuchung, der Trübsalszeit.

15. Offenbarung 3,10: Der Versammlung in Philadelphia wird ausdrücklich gesagt, dass sie *bewahrt wird vor der Stunde der Versuchung*, die über den ganzen Erdkreis kommen wird. Das kann nicht Prüfungen und Verfolgungen in

der heutigen Zeit betreffen, denn die hat jeder Gläubige zu erdulden (2. Tim 3,12). Und diese Leiden werden im Brief an die Gläubigen in Philadelphia unter den Begriff „Ausharren" gefasst.

16. Das griechische Wort „ek" (aus heraus) kann verschiedene Bedeutungen haben. In Offenbarung 3,10 kann es nicht mit: „*aus* der Stunde der Versuchung bewahrt werden" übersetzt werden. Das ergibt sprachlich und inhaltlich keinen Sinn (ähnlich: Joh 17,15; Apg 15,29). Es muss heißen: bewahren vor. Und genau das passiert bei der Entrückung: Wir werden bei Christus sein, *bevor* die Prüfungszeit über die Erde kommen wird.

17. Offenbarung 3,10: Wen betrifft diese Zusage? Der Herr meint alle diejenigen, die zur Versammlung Gottes gehören. Es sind somit *alle, die heute Erlöste* sind. Das genau macht die Unterscheidung zwischen Gläubigen und Ungläubigen aus. Der Herr Jesus spricht hier nicht von besonders treuen Gläubigen im Unterschied zu untreuen. Denn Er unterscheidet nicht innerhalb der Gläubigen in Philadelphia. Die Erlösten, die zur Versammlung gehören, werden vor dieser Zeit der Versuchung bewahrt werden. Von den Juden heißt

es dagegen ausdrücklich, dass sie in der Bedrängnis sein werden (vgl. Dan 12,1).

18. Offenbarung 3,11: Direkt mit dieser Bewahrung vor der Drangsalszeit verbindet der Herr interessanterweise sein Kommen zur Entrückung: „Ich komme bald.“ Er kommt, um sie zu bewahren vor der Versuchungszeit, *indem Er sie vorher durch sein Kommen entrückt* (vgl. 1. Thes 4,16.17).

19. Das Wiederkommen Jesu zur Entrückung zu erwarten, wenn man zuerst die Drangsalszeit durchleben muss – also bestimmte, in der Schrift konkret genannte Ereignisse –, ergibt keinen Sinn. Dann hätten wir mit dieser Zeit der Trübsal und nicht mit dem Herrn zu rechnen, sondern mit Ihm erst *danach*. So aber spricht Gottes Wort nicht zu uns.

20. Offenbarung 3,12; 21,2.10: Wie kann die Versammlung *aus dem Himmel* kommen, wenn sie nicht *zuvor dorthin gekommen* (entrückt) worden ist?

21. Offenbarung 4,1: Dieser Vers bezieht sich zwar zunächst einmal auf Johannes, den Schreiber der Offenbarung. Aber es scheint, dass sein Weg („hier herauf“) eine Andeutung auf die

Entrückung der Versammlung enthält, die historisch gesehen zwischen dem Ende von Offenbarung 3 und dem Anfang von Offenbarung 4 stattfinden wird. Auch wenn hier nicht wörtlich von der Entrückung die Rede ist, heißt es: „Komm hier herauf." Und von diesem Augenblick an ist von einer *Versammlung und Christen auf der Erde keine Rede* mehr, wie wir das bis Kapitel 4 deutlich sehen. Im Unterschied dazu lesen wir ab Kapitel 7 von Heiden und Juden/Israeliten auf der Erde, nicht aber von Christen und der Versammlung.

22. Offenbarung 4,4: Zudem ist auf einmal von *„24 Ältesten"* die Rede, nicht aber von Seelen oder einem anderen Zustand heimgegangener Menschen ohne Auferstehungsleib. Diese Ältesten werden unterschieden von Engeln (z. B. in Kap. 5). Es handelt sich somit um *Menschen, die im Himmel sind und verherrlicht* worden sind. Engel waren dort schon lange. Aber woher kommen diese Menschen? Offenbar von der Erde durch Entrückung. Die 24 Ältesten können im Übrigen schon deshalb keine Seelen von Entschlafenen sein, weil ihre Zahl im Laufe der Offenbarung konstant bei 24 bleibt, obwohl während der Geschehnisse von Offenbarung 6–19 zahlreiche Heilige sterben werden. Aber die Gruppe der auferstandenen, verherrlichten Gläubigen Alten und

Neuen Testaments bleibt im Himmel über die ganze Zeit von Offenbarung 6–19 gleich.

23. Offenbarung 5,8; 8,3: Andererseits gibt es Heilige auf der Erde, also ebenfalls gläubige Menschen. Warum gibt es diese *Unterscheidung*? Weil es auf der Erde dann wieder ein neues Volk Gottes gibt, das offenbar nicht mehr aus Christen besteht. Der Hinweis auf Juden/Israeliten einerseits und Nationen andererseits in Kapitel 7 zeigt, dass es sich um *Gläubige aus diesen beiden getrennten „Bereichen"* handelt. In der jetzigen Zeit aber sind sie beide „eins" (vgl. Eph 2,14). Heute gibt es diese Trennung von Juden und Nationen in der Versammlung nicht.

24. Offenbarung 6,9-11: Wir finden in der Drangsalszeit *getötete Gläubige, die aber nicht Christen* genannt werden, auch keine Christen sein können. Wir lesen hier nämlich von „Rache", die göttlich bestätigt wird. Nach Römer 12 kommt eine solche Haltung allerdings für uns Christen ausdrücklich nicht infrage. Wenn diese Menschen heute leben würden und dieser Bereich eine Zeit beträfe, in der auch Christen auf der Erde lebten, müssten es Christen sein. Denn etwas anderes erkennt Gott *heute* nicht als gläubig an (vgl. 1. Kor 10,32). Da Christen aber nicht zur Rache aufgefordert werden,

muss es sich um Gläubige einer anderen Zeit handeln.

25. Offenbarung 7,9-17: Obwohl es im Himmel 24 Älteste (und 4 lebendige Wesen) gibt, werden in Offenbarung 7 verschiedene Gruppen von Menschen auf der Erde gesehen. Sie *kommen* zum Teil *aus der Drangsalszeit*. Das kann nicht die heutige Zeit sein, denn dann wäre niemand im Himmel außer Christus und den Engeln. *Christen gibt es in der Zeit, die in Offenbarung 3 beschrieben wird, auf der Erde*, nicht aber im Himmel. Da sie aber in Kapitel 4 als Teil der 24 Ältesten im Himmel gesehen werden, könnten die Gläubigen, von denen man in Offenbarung 7 liest, nicht zur Versammlung gehören. Sie werden vielmehr den Nationen zugerechnet. Es muss sich also um eine andere Zeitepoche handeln.

26. Daniel 11; Matthäus 24: Beide Kapitel sind deutlich *jüdischer Natur.* Immer wieder wird mit entsprechenden Symbolen gearbeitet. Darauf nehmen die Hinweise von 2. Thessalonicher 2 unmissverständlich Bezug. Die *heutige Zeit hat aber mit Entwicklungen im Judentum nichts zu tun,* wie man den neutestamentlichen Briefen entnehmen kann. Dort wird der Fokus weder auf Israel und Jerusalem noch auf ihren Gottesdienst gerichtet. In Offenba-

rung 13 wird in direkter Weise von den Zeichen der Drangsalszeit gesprochen und auf die Geschehnisse von Daniel 11 und Matthäus 24 Bezug genommen. Dort befinden wir uns offensichtlich mitten in der Drangsalszeit. In Offenbarung 3 nun lesen wir im Blick auf die Versammlung in Philadelphia, dass sie vor der Stunde der Versuchung bewahrt wird. Diese Versuchung schließt die große Trübsal mit ein. Daher muss Offenbarung 3 zeitlich vor der Drangsalszeit liegen, auch die Wegnahme (Bewahrung) der dort angesprochenen Christen.

27. In mindestens sieben Passagen des Wortes Gottes wird die Drangsalszeit behandelt (Mt 24,3-29; Mk 13,4-24; Off 3,10; 7,14-17; 5. Mo 4,30.31; Jer 30,4-7; Dan 12,1). Aber an keiner dieser Stellen wird die Versammlung Gottes mit dieser Drangsal in Verbindung gebracht. Im Alten Testament ist das ohnehin nicht möglich. Aber auch in den Passagen im Neuen Testament gibt es keinen Hinweis auf die Versammlung Gottes. In Offenbarung 7 sind es die Nationen, in Matthäus 3 und Markus 13 die Juden.

28. Wenn wir als Erlöste, die wir heute alle zur Versammlung Gottes gehören, durch diese Trübsalszeit hindurchgehen müssten, hätte

Gott uns im Blick darauf ermahnt und ermuntert. Die Tatsache, dass Er es nicht getan hat, stärkt die Überzeugung, dass wir diese Zeit nicht erleben müssen.

29. Warum werden die Christen an keiner Stelle darüber belehrt, *wie* sie sich in der Drangsalszeit verhalten sollen? Den Juden wird das in Matthäus 24 und in Markus 13 durchaus gesagt. Den erlösten Christen dagegen wird überhaupt keine Verhaltensrichtlinie für diese Drangsalszeit, z. B. in den Briefen, wo man es erwarten würde, gegeben. Warum nicht? Weil sie keine benötigen. Denn sie kommen nicht in diese Zeit. Nach Offenbarung 7,9 werden sich viele zu Christus und Gott im Glauben wenden. Aber an keiner Stelle lesen wir, dass es sich dabei um Christen, Gläubige der Versammlung, handeln würde. Offenbarung 7 zeigt, dass es Nationen sind, nicht Christen.

30. Daniel 9,25.26: Diese Verse zeigen, dass es ein unbestimmtes Intervall an Zeit nach den 69 Wochen (Jahrwochen) geben wird, die mit dem Hinwegtun des Messias ihren Abschluss finden. Nach Vers 27 setzt die prophetische Zeitrechnung wieder ein an einem Zeitpunkt, der mit dem Abschluss eines Vertrags zwischen dem kommenden Fürsten und den Vielen (der Masse des jüdischen Volkes) ver-

bunden wird. Das ist offensichtlich zukünftig, denn die neutestamentlichen Briefe berichten davon nichts. In Offenbarung 13 dagegen finden wir eine Verbindung der beiden Parteien.

31. Offenbarung 22,16 nimmt Bezug auf den *Morgenstern*, den die Christen erwarten. Dieser erscheint deutlich vor dem Aufgehen der *Sonne.* Als Sonne der Gerechtigkeit aber wird Christus im Blick auf das Volk Israel dargestellt, wenn Er wiederkommen wird, um den Segen des Königreichs einzuführen (vgl. Mal 3,20). Zwischen beiden Ereignissen liegt ein Intervall. Aus Daniel 9 und anderen Schriftstellen (Off 5–19) wissen wir, dass es die Drangsalszeit ist.

32. 1. Mose 5 und 6–9: Während Henoch vor der Flut entrückt wurde, musste Noah die Flut erleben und durchleiden. So gab es damals zwei unterschiedliche Wege Gottes für Menschen, wie auch heute: Die Versammlung wird wie Henoch vor der Drangsals-„Flut" entrückt werden, die gläubigen Übriggebliebenen aus Juda müssen durch diese Drangsals-„Flut" hindurch, wie Noah. Beides waren (sind) Gläubige, aber sie unterscheiden sich voneinander in dem Handeln Gottes mit ihnen. Das ist natürlich kein *Beweis*, sondern „nur" ein *Hinweis*, wie wunderbar die Lehre der „Vor-

Entrückung" zu den Vorbildern des Alten Testaments passt.

33. An keiner Stelle lesen wir, dass die Entrückung der Erlösten oder das Versammeltwerden zu Ihm hin ungläubigen Menschen gepredigt wird. Die Apostel sprechen vor den Ungläubigen dagegen mehrfach über die Erscheinung Jesu Christi, die mit Gericht verbunden wird. Wir finden keinen Hinweis, dass sie der Welt die glückselige Hoffnung der Erlösten verkündigt hätten, nämlich dass wir zuvor zu Christus gerufen werden. Das können Ungläubige nicht verstehen. Aber dass Gericht auf sie wartet, kann sie zur Umkehr und Bekehrung führen.

Anhang 3: Die Versammlung – das geistliche Israel?

Es gibt noch ein weiteres Thema, das manche Christen mit der Versammlung verbinden. Gelegentlich hört man, man dürfe keinen Unterschied zwischen der Versammlung und Israel (und den Nationen) machen. Schließlich sei die Versammlung der „Israel Gottes“ (Gal 6,16), also eine Art geistliches Israel in neutestamentlicher Zeit. In der Versammlung würden alle Segnungen und Verheißungen Israels wahr, die im Alten Testament zu finden sind.

Wir wollen uns im Blick auf dieses Argument den Ausdruck „Israel Gottes“ in Galater 6 anschauen. „Und so viele nach dieser Richtschnur wandeln werden – Friede über sie und Barmherzigkeit, und über den Israel Gottes!“ Was ist damit gemeint? Im Galaterbrief hat der Apostel Paulus immer wieder deutlich gemacht, dass das Gesetz vom Sinai *nicht* Maßstab und Richtschnur des Christen ist. Paulus hat sogar einen Fluch über diejenigen ausgesprochen, die das Evangelium verfälschen und mit jüdischen Geboten vermischen. Christentum und Judentum sind somit unvereinbar. Daher ist es undenkbar, dass der „Israel Gottes“ eine Bezeichnung für die Versammlung Gottes ist.

Nein, der „Israel Gottes“ ist der Teil der Juden, der in der heutigen Zeit das Evangelium der Gnade Gottes angenommen hat. Weil sie diese gute Botschaft geglaubt haben, gehören sie zur Versammlung Gottes. Von ihr sind sie nun in gewisser Weise *ein Teil,* auch wenn dieser Teil sonst nie unterschieden wird. Sie werden hier angesichts des Themas „Gesetz“ einerseits von den ungläubigen Juden und andererseits von den Gläubigen aus den Nationen unterschieden. Die Gläubigen aus den Nationen haben weniger Probleme, nach den Prinzipien der neuen Schöpfung zu leben (V. 15.16). Sie standen im Gegensatz zu den Juden nie unter Gesetz. Daher standen sie damals auch nicht so sehr in Gefahr, dieses Gesetz zu ihrem Lebensmaßstab zu machen. Das unterscheidet sie von den Gläubigen, die aus dem Judentum stammten.

Der Israel Gottes ist somit ein Überrest der Gnade aus den Juden. Dieser existiert nach Römer 11,5 auch in der heutigen Zeit. Diese Christen haben sich vom Judentum getrennt und gehören somit zur Versammlung Gottes. Sie bilden keine „eigene Kirche“, sondern gehören zu dem *einen,* untrennbaren Leib, der Versammlung (1. Kor 12,12.13).

Diese Gläubigen aus den Juden sind der einzige Teil aus Israel, den Gott heute anerkennt.[43] *Deshalb* nennt Paulus sie „Israel Gottes". Sie bilden kein eigenes „Israel", auch kein „neues Israel", werden aber von Gott als Erlöste anerkannt, die *aus* Israel stammen.

Das aber heißt keineswegs, dass die Versammlung heute eine Art geistliches Israel wäre. Das Gegenteil ist der Fall. Verschiedentlich werden wir im Neuen Testament gewarnt, zu jüdischen Vorschriften zurückzukehren. Neben dem Galaterbrief warnt uns Gott besonders durch den Kolosser- und den Hebräerbrief ausdrücklich davor. Es gibt kein geistliches Israel, sondern nur ein „buchstäbliches". Wir haben bereits gesehen, dass dieses Israel nach der Entrückung wieder eine wichtige Rolle auf der Erde spielen wird. Das aber liegt noch in der Zukunft.

Auch hierdurch sollte klar werden, dass die Versammlung keineswegs in die Rolle Israels schlüpft. Israel wird einmal durch die Drangsalszeit hindurchgehen müssen, nicht aber die Versammlung, die in Stellen wie Epheser 2,11-17 und 1. Korinther 10,32 ausdrücklich von Israel unterschieden wird. Das künftige Volk der Juden muss die große Drangsal erdulden, nicht aber erlöste Christen.

---

43 Der Ausdruck „ein auserwähltes Geschlecht" in 1. Petrus 2,9 weist in dieselbe Richtung.

Anhang 4: Die Versammlung in der Drangsalszeit

Bislang haben wir uns in erster Linie mit den einzelnen Gläubigen beschäftigt. Im Folgenden soll der Fokus allerdings noch einmal speziell auf den Organismus gelenkt werden, den Gott in seinem Wort „Versammlung“ (Gemeinde, Kirche) nennt. Was ist mit ihr in der großen Drangsal?

Zunächst noch einmal zur Erinnerung: Die Versammlung besteht aus allen von neuem geborenen Christen, also aus allen Menschen, die Jesus Christus als ihren Retter angenommen haben.

Nun haben wir bereits deutlich gesehen, dass die einzelnen Christen nicht in die Drangsalszeit kommen werden. Manche haben dennoch Sorge, dass aber die Versammlung als Kollektiv (Gemeinschaft) dennoch in diese Trübsalszeit kommen könnte. Das aber ist nicht möglich: Wenn der einzelne Gläubige nicht in die große Drangsal kommen kann, ist es unmöglich, dass die Versammlung als Gesamtheit in diese Prüfungsphase hineinkommt.

Allerdings gibt es noch eine etwas andere Sicht auf dieses Thema. Das hat mit der Unterscheidung von Christen und Namenschristen zu tun. In Gottes Wort ist dann, wenn Gott von der Versammlung spricht, prinzipiell die „wahre" Versammlung gemeint. Sie besteht nur aus bekehrten Menschen. Diese Versammlung wird an den einzelnen Orten dadurch sichtbar, dass die Gläubigen zum Beispiel zum Brotbrechen zusammenkommen. Inmitten der örtlichen Zusammenkommen kann es allerdings Ungläubige geben, denn letztlich kann kein Mensch in das Herz des Gegenübers sehen. Menschen können heucheln und vorgeben, Christen zu sein, obwohl sie sich nie bekehrt haben. Wenn man nun einen solchen Ungläubigen in die Gemeinschaft der örtlichen Versammlung aufnimmt, hat man bereits eine Mischung von Gläubigen und Ungläubigen.

In dem Buch der Offenbarung wird nun die wahre Versammlung Gottes mit einer reinen Frau verglichen (Off 19,7). So sieht Gott seine Versammlung. Daneben aber beschreibt der Geist Gottes in diesem Bibelbuch auch eine „Versammlung", die zwar über das äußerliche Bekenntnis verfügt, Versammlung Gottes zu sein. In Wirklichkeit aber ist sie nur ein lebloses System, das der Herr sogar ausspucken wird (Off 3,16). Diese falsche Versammlung vergleicht der Herr mit einer Prostituierten (vgl. Off 17,1-18).

Nach Offenbarung 17,7 wird diese falsche Kirche in der Drangsalszeit sogar eine gewisse Zeit lang Autorität über die Politik(er) besitzen. Aber in dieser Zeit gibt es in diesem System keinen einzigen wahren Gläubigen mehr. Denn die echten Christen sind dann längst im Himmel. Nein, es wird ein totes, antichristliches, Gott feindliches System ohne Christus sein. Vermutlich wird es sich noch immer christliche Kirche nennen, letztlich aber nur noch diesen Namen tragen. Wahres Christentum gibt es dann auf dieser Erde nicht mehr. Noch einmal: Die Erlösten werden längst nach Offenbarung 4,1 entrückt sein.

Die (falsche) Versammlung wird also in einer *äußeren* Form in der Drangsalszeit noch existieren. Die antichristliche, christuslose Einheitskirche der Endzeit wird Gegenstand der Gerichte Gottes werden und nach Offenbarung 17,16 innerhalb der Drangsalszeit komplett zerstört werden. Von diesem System wird nach diesem Gericht nichts mehr übrig bleiben. Das aber ist nicht die „wirkliche" Versammlung. Und sie wird in der Zeit nach der Entrückung nur noch aus Ungläubigen bestehen.

Anhang 5: Gibt es vielleicht eine teilweise Entrückung?

Manche haben gelehrt, dass es zwar eine Entrückung gebe, dass an dieser aber nur *einige* Christen teilnehmen würden. Das sind, so ihre Meinung, die treuen Gläubigen, die wirklich und mit Hingabe auf den Herrn Jesus warten. Aber alle anderen müssten, weil sie nicht ausreichend entschieden gelebt hätten, noch durch die Drangsal hindurchgehen.

Was ist zu diesem Standpunkt aus Sicht des Wortes Gottes zu sagen?

Keine Unterscheidung zwischen Treuen und Untreuen

Zu seinen Jüngern hat der Herr Jesus gesagt, und zwar zu allen Elfen (Judas war bereits weggegangen): „Ich komme wieder und werde euch zu mir nehmen, damit, wo ich bin, auch ihr seiet“ (Joh 14,3). Spricht der Herr hier von einer besonderen Klasse von Gläubigen, von Jüngern, im Unterschied zu anderen? Das ist nicht denkbar, denn Er sagt: „ihr“

und „euch“ und schließt alle ein! Er nennt dafür keine Zusatzbedingung.

Diese Jünger waren Gläubige, die sich bekehrt hatten. Sein Wiederkommen zur Entrückung galt ihnen allen. Der Herr differenziert also nicht zwischen „entschiedenen“ und „weniger entschiedenen“ Jüngern. Er macht auch keinen Unterschied zwischen den drei „ersten“ Jüngern Petrus, Johannes und Jakobus sowie den übrigen, die mehr im Hintergrund tätig waren. Er schließt alle ein.

Keine Unterscheidung durch den Apostel Johannes

Auch in Offenbarung 3,10 wird die Verheißung, vor der Stunde der Versuchung zu bewahren, der *gesamten* Versammlung gegeben. Es wird nicht unterschieden zwischen schwachen und starken Gläubigen an diesem Ort. Es ist abwegig zu denken, dass es in Philadelphia ausschließlich treue und hingebungsvolle Christen gab. Der allgemeine Zustand war sehr gut. Aber Gläubige unterscheiden sich immer in ihrer Haltung und in ihrer geistlichen Reife voneinander. Die Verheißung der Vor-Entrückung vor der Drangsalszeit aber wird allen gegeben.

Wie sollte der Herr auch eine Unterscheidung machen? Wie viel Prozent Treue würde ausreichen, um im Unterschied zu anderen vorentrückt zu werden? 100% hat noch kein Christ erreicht, nicht einmal der Apostel Paulus. Damit wären letztlich alle von dieser Verheißung ausgeschlossen, denn Gott schließt nie Kompromisse. Nein, alle sind eingeschlossen, wenn der Herr die Entrückung ankündigt. Denn die Teilnahme an der Entrückung hängt nicht von unserer Treue, sondern allein von der Gnade Gottes ab. Immer dann, wenn etwas von menschliche Treue abhängt, gibt es auf Seiten des Menschen Versagen zu beklagen. Es wäre für uns hoffnungslos.

Keine Unterscheidung durch Paulus

Dasselbe gilt für die Belehrungen in 1. Thessalonicher 4,15-18. In diesen Versen unterweist der Apostel Paulus die junge Versammlung in Thessalonich eingehend über die Entrückung. Auch dort spricht der Geist Gottes ausdrücklich und mehrfach von „wir". Paulus macht sich eins mit den Gläubigen in Thessalonich. Zweifellos gab es auch an diesem Ort Gläubige, die schwach im Glauben waren. Das zeigen die Warnungen und der Tadel in diesem Brief. Versagende Christen werden aber nicht aussortiert, sondern gehören mit allen anderen Erlösten zu denen, die entrückt werden.

Dasselbe trifft auf 1. Korinther 15,51-57 zu. Auch dort lesen wir mehrfach von „wir", die verwandelt werden. In Korinth gab es sehr viele fleischliche Christen. Diese aber werden nicht aussortiert, sondern Paulus ist so kühn, auch sie in diesen Akt der Entrückung des Herrn einzubeziehen. Was sagt Er über diejenigen, die entrückt werden? „Die des Christus sind bei seiner Ankunft" (1. Kor 15,23). Das sind alle, die zu Christus gehören, die sein Eigentum sind. Mit anderen Worten: alle, die sich bekehrt haben. Sie haben von Gott neues Leben bekommen. Er hat sie seinem Sohn geschenkt (vgl. Joh 17,6). Sie werden entrückt werden.

Das führt zu der Frage, was uns überhaupt befähigt, an dieser Entrückung vor der Drangsal teilzunehmen. Die Antwort ist: nicht unser Lebenswandel. Dieser ist bei keinem einzigen vollkommen. Dem absoluten Maßstab Gottes hat kein einziger Christ entsprochen. Nur Christus, unser Retter und Meister, hat Gott in jeder Hinsicht verherrlicht und zufriedengestellt. Bei jedem anderen gibt es Schwachheiten und Versagen, Sünden und Straucheln. Dann wäre niemand berechtigt, an dieser Entrückung teilhaben zu dürfen.

Daher noch einmal: Die Teilnahme an der Verwandlung und Entrückung ist allein das Ergebnis göttlicher Gnade. Es ist „die Barmherzigkeit unseres Herrn Jesus Christus zum ewigen Leben", die wir erwarten (Jud 21). Wir haben keinerlei Anspruch, sondern Gott schenkt uns diese Entrückung aus seiner Liebe heraus.

Zwei Irrtümer dieser falschen Lehre

Offenbar stammt der Gedanke an eine teilweise Entrückung aus zwei fehlerhaften Ansichten: Zum einen versteht man den Umfang des Evangeliums falsch. Diese gute Botschaft hat uns nicht nur zur Bekehrung geführt, sondern bringt uns durch die Entrückung in den Himmel (Phil 3,20,21). Es handelt sich um eine vollständige Errettung nach Geist, Seele und Körper. Die Gnade, die uns neues Leben schenkt, ist die gleiche Gnade, durch die wir den Herrn Jesus Christus als Retter unseres Körpers erwarten.

Zweitens spricht aus dieser irreführenden Überzeugung letztlich Hochmut. Die Auffassung einer teilweisen Entrückung beinhaltet, dass sich manche Christen als geistlicher, entschiedener und treuer ansehen als andere. Im Unterschied zu den anderen nehmen sie für sich in Anspruch, Anteil am Wunder der Entrückung zu haben. Im Neuen Testament aber werden wir aufgefordert, ein Leben in Hingabe für Christus zu führen. Wir sollen Ihm von Herzen dienen. Wir werden ermahnt, dem Wort Gottes gehorsam zu sein. Das alles aber tun wir, ohne uns in dem Sinn mit anderen zu vergleichen, ob wir geistlicher oder hingebungsvoller sind. Der Apostel unterscheidet zwischen solchen, die fleischlich oder geistlich gesonnen waren (1. Kor; Galater). Aber er ermutigt nicht, uns selbst für geistlicher als andere zu halten. Wer anfängt, sich in dieser Hinsicht mit anderen Gläubigen zu vergleichen, wird entweder resignieren oder hochmütig werden. Beides will Gott nicht.

Was uns und unsere Treue betrifft, müssen wir uns alle schämen. Selbst der treueste Christ wird von sich sagen, dass er keinen Lohn verdient hat. „Wir sind unnütze Knechte; wir haben getan, was wir zu tun schuldig waren“ (Lk 17,10). Aber Gottes Gnade ist größer als unser Versagen. Er wird uns ans Ziel bringen und entrücken.

Die Jungfrauen in Matthäus 25

Zur Unterstützung der teilweisen Entrückungslehre wird oft Matthäus 25 angeführt. Aber wir lernen in diesem Gleichnis nicht, dass Gott eine Unterscheidung zwischen unterschiedlichen Treuegraden bei Gläubigen macht.[44] Das Bild, das der Herr in die-

44 Für eine ausführliche Erklärung dieses Gleichnisses verweise ich auf die schon am Anfang genannten Kommentare zum Matthäusevangelium. Diese gibt es beim Herausgeber dieses Buches bzw. auf www.bibelkommentare.de. Besonders empfehlenswert sind die beiden Bände „Er lehrte sie vieles in Gleichnissen“ von Christian Briem.

sem Gleichnis verwendet, ist wie immer einfach und schlicht. Es geht um den Ablauf einer Hochzeitsfeier, wie er im Orient alltäglich war und zum Teil auch heute noch üblich ist. Den Abschluss der Verlobungszeit, die allerdings schon verbindlichen Charakter für die Eheleute trug, bildete das großartige Hochzeitsfest. Dieses fand, gerade in der Sommerzeit, in der Kühle der Dunkelheit statt. Wenn dann der Bräutigam kam, gingen ihm die Jungfrauen – es müssen damals wohl tatsächlich üblicherweise 10 Jungfrauen gewesen sein – mit brennenden Lampen entgegen. Sie sollten ihm den Weg zum Hochzeitssaal erleuchten, wo die Braut auf ihn wartete. Das war ihre Aufgabe und nur das gab ihnen das Vorrecht, mit dem Bräutigam einzutreten und mitzufeiern.

Es ist eine Besonderheit von Gleichnissen, dass nicht alle Einzelheiten erklärt und angewendet werden dürfen. Genau das ist auch für dieses Gleichnis charakteristisch. Es geht um einen wichtigen Grundsatz, den der Herr vorstellen möchte. Wenn man diesen erfasst hat, wird man die Belehrung des Gleichnisses gut verstehen und auch die wesentlichen Einzelheiten richtig einordnen können.

Es stellt sich also die Frage, welche Hauptlinie der Geist Gottes mit diesem Gleichnis verfolgt. Es handelt sich um das Bild des christlichen Bekenntnisses (10 Jungfrauen). Dieses Bekenntnis, dargestellt durch die Lampen, kann wahr oder falsch sein. In der Christenheit liegt leider diese Vermischung vor, wie wir schon in Matthäus 13 gesehen haben. Es gibt sowohl wahre als auch falsche Christen. Aber was ihr Bekenntnis betrifft, gehen sie gemeinsam aus, um Christus bei seinem Wiederkommen zu begegnen. Diese Bekenner werden als Jungfrauen dargestellt. Hier ist Christus nicht der Bräutigam der Versammlung. Und es geht auch nicht im engsten Sinn um die Entrückung. Zu dieser gehen wir dem Herrn Jesus nicht entgegen. Der Herr Jesus kommt aus dem Himmel, um die Versammlung in einem Nu zu sich zu rufen und zu holen (1. Kor 15,52; 1. Thes 4,16). Er ist es, der sie ruft, nicht sie, die von sich aus kommt.

Es geht in diesem Bild überhaupt nicht um die Braut.[45] Sie wird nicht erwähnt und stellt daher weder die irdische Braut Jesu (Israel) noch die himmlische Braut (die Versammlung) dar. Die Jungfrauen werden auch nicht zur Braut. Das wäre eine falsche Interpretation dieses Gleichnisses. Es geht nämlich nicht um die Versammlung, sondern um die Chris-

---

45 Es gibt wenige Bibelübersetzungen wie die Vulgata, die in Vers 1 lesen: „die ihre Lampen nahmen und ausgingen, dem Bräutigam und der Braut entgegen". Aber diese Lesart ist nicht nur äußerst spärlich bezeugt, sondern würde auch gar nicht in den Kontext dieses Gleichnisses passen. Die himmlische Braut, die Versammlung, ist hier noch nicht bekannt. Sie wird erst in den Briefen vom Apostel Paulus eingeführt. Auch die irdische Braut, Israel, kommt in den drei christlichen Gleichnissen in Matthäus 24,45–25,30 überhaupt nicht vor.

ten im Königreich. Sie stehen als Bekenner unter der Verantwortung, auf den Herrn Jesus zu warten. Das zeigt, dass es nicht um die Vorrechte der Versammlung, sondern um die Verantwortung von christlichen Bekennern geht.

Die wichtige Belehrung dieses Gleichnisses ist somit, dass Gott zwischen wahren und falschen Christen unterscheidet, zwischen echten Gläubigen und reinen Bekennern. Dieses Gleichnis kann also nicht für diese falsche Überzeugung angeführt werden, der Herr würde nur einige Treue entrücken.

Das wird im Übrigen auch durch das Wort des Herrn an die übrigen, die törichten Jungfrauen unterstrichen: „Wahrlich, ich sage euch, ich kenne Euch nicht“ (Mt 25,12). Dieses Wort trifft auf keinen einzigen wahren Gläubigen zu, mag er noch so untreu in seinem Lebenswandel gewesen sein. Nein, zu den Ungläubigen wird der Herr diese erschreckenden Worte sagen. So wendet Er sich an niemand, für den Er sein Leben am Kreuz hingegeben hat.

Hebräer 9,28

Ein zweiter Bibelvers, der gerne zur Verteidigung der teilweisen Entrückung angeführt wird, ist Hebräer 9,28. „So wird auch der Christus, nachdem er einmal geopfert worden ist, um vieler Sünden zu tragen, zum zweiten Mal denen, die ihn erwarten, ohne Sünde erscheinen zur Errettung." Das Argument lautet: Er kommt zur Entrückung nur für diejenigen, die Ihn wirklich erwarten. Alle anderen müssen durch die große Drangsalszeit hindurchgehen.

Aber das ist durchaus nicht die Belehrung dieser Verse. Im Gegenteil. Wir finden in Hebräer 9 einen schönen Parallelismus. Der Herr Jesus ist einmal geopfert worden, um die Sünden von vielen Menschen zu tragen. Das sind nicht wenige, sondern viele. Es handelt sich nämlich um *alle* diejenigen, die an Ihn und sein Werk glauben. Für sie wird Er noch einmal kommen. Sie *alle* sind es nämlich, die Ihn erwarten.

Der Hinweis auf die Erwartung ist offenbar keine Ermahnung, sondern eine Kennzeichnung derer, für die Er gestorben ist. Sie erwarten Ihn, weil sie Ihn lieben. Und das gilt grundsätzlich für alle Erlösten. Wer sich bekehrt hat, erwartet seinen Retter, der ihn geliebt und sich selbst für ihn hingegeben hat. Auch wenn man im täglichen Glaubensleben oft versagen mag, hat man eine neue Natur, die sich auf diese himmlische Zukunft freut.

In Hebräer 9,27.28 unterscheidet der Schreiber gerade die Ungläubigen, die nach Vers 27 dem Gericht entgegensehen, von den Gläubigen, die den Herrn erwarten. *Sie* müssen nämlich kein Gericht mehr fürchten, weil sie Frieden mit Gott haben. Sie sind aus reiner Gnade gerettet worden. Sie werden aus reiner Gnade (und nicht nach Verdienst) am Ende gerettet werden. Mit anderen Worten: Wir haben hier dieselbe Unterscheidung wie im Gleichnis der 10 Jungfrauen in Matthäus 25: Es gibt wahre und falsche Bekenner. Diese werden voneinander unterschieden.

Anhang 6: Bibelstellenverzeichnis

Bibelbuch / Kapitel, Vers / Seite